Marcus Buchholz
Ehrenamt

D1724832

Weitere Bände folgen:

Endlich Zeit für ...*

*Meditation

*Bildung

*u.a.

Marcus Buchholz

*Ehrenamt

Endlich Zeit für ...*, Band 1

Bibliografische Information Der Deutschen Nationalbibliothek

Die Deutsche Nationalbibliothek verzeichnet diese Publikation in der
Deutschen Nationalbibliografie; detaillierte bibliografische Daten sind im
Internet über http://www.d-nb.de abrufbar.

© Lutherisches Verlagshaus GmbH, Hannover 2006
www.lvh.de
Alle Rechte vorbehalten
Umschlaggestaltung und Satz: Andreas Klein, Stilfrei Grafikatelier, Hannover
Typografie: Meta und Slimbach
Druck- und Bindung: MHD Druck und Service GmbH, Hermannsburg
ISBN-10: 3-7859-0951-9
ISBN-13: 978-3-7859-0951-5

Printed in Germany

Inhalt

Ehrenamt

Einleitung

Sie interessieren sich für ein Ehrenamt. Wissen aber nicht, wo Sie sich engagieren sollen, wo Sie am besten gebraucht werden, bei wem Sie sich melden können? Haben Sie bereits konkrete Vorstellungen, wissen aber nicht, wie Sie diese verwirklichen können? Sie bringen Erfahrungen aus Beruf und Familie mit und wollen diese weitergeben.

Genau an dieser Stelle will das Buch ansetzen. Es will zum Engagement ermutigen, über Freiwilligenarbeit informieren und mit so manchem Vorurteil darüber aufräumen. Dieses Buch bietet Ihnen eine Orientierungshilfe zum Thema „Ehrenamt". Etwa, wo die Wurzeln des Ehrenamts liegen oder warum für unseren Sozialstaat freiwilliges Engagement so wichtig ist. Wir sagen Ihnen, in welchen Bereichen der Gesellschaft Aktive gefragt sind. Und ganz praktisch zeigen wir Ihnen, was Sie mitbringen und auf was Sie bei Ihrer Suche nach der passenden Tätigkeit achten sollten. Gleichzeitig sammelt dieses Buch Erfahrungsberichte von unterschiedlichen Menschen, die sich in ihrer Freizeit für andere einsetzen.

Wie wichtig freiwilliges Engagement in unserer Gesellschaft ist, und was gerade Seniorinnen und Senioren dazu beitragen können – das beschreiben Bundesfamilienministerin Ursula von der Leyen (CDU) und Roswitha Verhülsdonk, die Vorsitzende der Bundesarbeitsgemeinschaft der Senioren-Organisationen, in zwei ausführlichen Interviews. Denn Ehrenamt ist im Trend. Viele Menschen möchten sich für ein Projekt oder langfristig für andere Mitbürger einsetzen – und das unentgeltlich. Jeder dritte Bundesbürger ist ehrenamtlich tätig, und es gibt eine große Zahl, die sich erstmalig engagieren will. Benachteiligten helfen, etwas Sinnvolles tun, neue Milieus kennen lernen, sich selbst entfalten oder ganz einfach eine neue Aufgabe anpacken – die Motivation für ein Engagement ist vielseitig.

Und damit Sie für Ihre Motivation eine praktische Anleitung haben, bietet das Buch ein ausführliches Adressverzeichnis von Organisationen, Vereinen und Verbänden, die immer wieder Freiwillige suchen. Denn für unser Zusammenleben in Deutschland ist die Idee des Mithelfens, Mitwirkens, Mitsprechens wichtig und vor allem demokratisch. In Zukunft werden die sozialen und kulturellen Bedürfnisse, die Belange von Natur und Umwelt, die Aktivitäten in Bildung, Sport und Kirche mehr in die Hände von Bürgerinnen und Bürgern verlagert.

Aber bevor Sie sich für eine Tätigkeit entscheiden, beantworten Sie bitte für sich die Fragen, die wir in einer Checkliste zuammengestellt haben. Damit Sie wissen, worauf Sie bei der Suche nach einer freiwilligen Arbeit achten sollten. So finden Sie heraus, wo Sie am besten hineinpassen.

Beim Lesen des Buches wünschen wir Ihnen viel Freude und vor allem: Lust aufs Ehrenamt. ✱

ALLES RUND UMS EHRENAMT
Vorweg – und kurz gesagt

Ehrenamt oder Engagement?

Es gibt mehrere Begriffe, die freiwilliges, verantwortungsvolles und unentgeltliches Engagement bezeichnen: Ob Ehrenamt, Freiwilligenarbeit oder bürgerschaftliches Engagement – diese Bezeichnungen stehen nebeneinander, meinen im Grunde jedoch dasselbe. Der Titel dieses Buches führt die Bezeichnung „Ehrenamt", da der Begriff nach wie vor sehr verbreitet und bisher am längsten gebräuchlich ist.

Fünf Merkmale fürs Ehrenamt

Es ist **freiwillig**
im Unterschied zu vertraglich festgelegten und unabhängigen Erwerbstätigkeiten

und **unentgeltlich**
im Unterschied zur bezahlten Arbeit, aber oftmals mit einer Aufwandsentschädigung

Es ist **für andere**

und wird in einem **organisatorischen Rahmen**
> *im Unterschied zu individueller und spontaner*
> *Hilfeleistung und informellen Gruppen wie Familie*
> *oder Nachbarschaft*

und möglichst **kontinuierlich** ausgeübt
> *im Unterschied zu einmaliger oder*
> *kurzfristiger Hilfe*

Was wird von Engagierten erwartet?

Sich ehrenamtlich zu betätigen, ist eine freiwillige Entscheidung. Die meisten Organisationen, die Ehrenamtliche suchen, erwarten keine hohe Qualifikation oder Zugangsvoraussetzung. Ehrenamtliche sollten dazu bereit sein, für andere Menschen und Aufgaben verantwortlich da zu sein. Über den zeitlichen Einsatz entscheidet jeder Freiwillige in der Regel selbst.

Was bringt das Ehrenamt überhaupt?

Kontakte: Die meisten Aktiven wünschen sich, dass ihnen ihre Tätigkeit Spaß bringt und sie mit sympathischen Menschen zusammenkommen. Sie wollen aber auch etwas für das Gemeinwohl tun und anderen helfen.

Anerkennung: Die vermissen manche Ehrenamtliche. Denn vereinzelt sehen Hauptamtliche in Ehrenamtlichen noch immer billige Hilfskräfte. Doch das ändert sich: Die meisten evangelischen Landeskirchen etwa haben Leitlinien zum Ehrenamt verabschiedet. Hier ist beispielsweise der Anspruch freiwillig Engagierter auf Informationen sowie die gleiche Wertschätzung von Haupt- und Ehrenamtlichen festgelegt.

Kompetenznachweis: In vielen Bundesländern gibt es inzwischen einen Kompetenznachweis für ehrenamtliches Engagement. Das können Urkunden oder Zeugnisse sein, in denen die Aufgaben, die Qualifikationen und der zeitliche Umfang aufgeführt sind.

Vergünstigungen: Das Land Hessen fördert freiwilliges Engagement mit einer so genannten Ehrenamtscard. Mit der Ehrenamtscard können Engagierte, die in besonderem Maße – etwa mehr als fünf Stunden pro Woche – für das Gemeinwohl tätig sind, Vergünstigungen auf öffentliche und private Angebote erhalten. Auch andere Bundesländer planen solch eine Unterstützung.

Qualifizierung: Je nach Art des ehrenamtlichen Einsatzes werden die freiwillig Tätigen auf ihre Arbeit vorbereitet und fachlich angeleitet. Das gilt besonders fürs Engagement im sozialen Bereich – etwa als Sterbebegleiter oder Telefonseelsorger.

Vorweg gefragt

Müssen sich Ehrenamtliche einer großen Organisation anschließen? Nein. Viele Ehrenamtliche arbeiten in Selbsthilfegruppen und kleinen Initiativen. Wer etwa eigene Ideen für Dienste hat, die bisher keiner anbietet, findet Unterstützung zum Aufbau einer neuen Initiative bei den Freiwilligenzentren und Selbtshilfekontaktstellen.

Nutzen manche Organisationen Ehrenamtliche nur aus? Stimmt nicht. In den vergangenen Jahren haben viele Vereine und Organisationen Ansprechpartner für Ehrenamtliche eingesetzt. In vielen evangelischen Landeskirchen, in katholischen Bistümern, bei den Hospizdiensten oder Naturschutzvereinen gibt es Beauftragte fürs Ehrenamt. Immer mehr Institutionen bieten Einführungskurse an.

Müssen sich Ehrenamtliche langfristig verpflichten? Das ist nur für ganz bestimmte Aufgaben und Dienste notwendig. Oft reicht die Bereitschaft, einige Monate bei einem Projekt mitzumachen. Manche Freiwilligenzentren suchen auch Helfer für kurzfristige Mithilfe.

Wie finden Interessierte eine entsprechende Aufgabe? Freiwilligenagenturen in mehr als 300 Städten helfen, den passenden Freizeit-Job zu finden. Adressen im Internet wie etwa www.bagfa.de (Bundesarbeitsgemeinschaft der Freiwilligenagenturen), www.buerger-fuer-buerger.de (Stiftung Bürger für Bürger), www.b-b-e.de (Bundesnetzwerk Bürgerschaftlichen Engagements) helfen bei der Suche nach der richtigen Einsatzstelle. Und natürlich finden Sie eine Fülle an Adressen im Anhang dieses Buches. ✸

Wurzeln des Ehrenamts

Die „Stunde Null" des Ehrenamts gibt es nicht. Ehrenamtliches Engagement reicht bis in die Antike zurück. Schon bei dem antiken Philosophen Homer heißt es etwa: „Ehre ist der gute Ruf, der auf das Zusammenleben zurückgeht."

Ehrenamtlichkeit gründet sich auch auf die jüdische und christliche Religion. Spontanes Handeln in religiösen Gemeinschaften wird als ehrenamtlich bezeichnet: Wenn etwa die Israeliten für ihre Kultstätte spendeten oder wenn Jesus zum Ehrenamt ermutigte – was damals hieß: Gutes für andere tun ohne eine Gegenleistung zu erwarten.

Die Ursprünge des Ehrenamts sind also Jahrtausende alt. Immer wieder hat es Menschen gegeben, die sich aus religiösen, politischen oder sozialen Gründen für andere oder eine Aufgabe eingesetzt haben. In der deutschen Geschichte ist „offiziell" vom Ehrenamt erst im 19. Jahrhundert die Rede. Es war eine Erfindung des preußischen Staates in Zeiten leerer Kassen: Die Freiherren von Stein und von Hardenberg waren es, die den Staat mit dem Ehrenamt ausstatteten. Ihre Verwaltungsreform sah vor, dass Bürger an staatlichen und politischen Aufgaben mitarbeiten sollten. In der preußischen Städteordnung von 1808 geht es mehrfach „um das dringend sich äußernde Bedürfnis einer wirksamen Theilnahme der Bürgerschaft an der Verwaltung des Gemeinwesens." Ehrenamtliches Engagement war Gebot des Staates. Auserwählte Bürger – so genannte „Ehrenmänner" – die sich weigerten, ihren Verpflichtungen nachzukommen, hatten mit Konsequenzen zu rechnen, heißt es in der Verordnung weiter. Auch wenn das Ehrenamt ausschließlich zum Dienste des Staates eingerichtet wurde, so hatte die Reform Grundlagen geschaffen: lokaler Bezug des Ehrenamts, rechtliche Absicherung des Ehrenamts, Prinzip der Wahl oder der Berufung für ein Amt.

Neben dem politischen Ehrenamt hatte auch stets das religiös motivierte Engagement in Deutschland Gewicht. Wegen seiner christlichen Überzeugung hatte August Hermann Francke eine wichtige soziale Dienstleistungseinrichtung 1695 in Halle aufgebaut: ein Waisenhaus, vier Schulen, eine medizinische Ambulanz, ein Krankenhaus, eine Druckerei. Die christlich überzeugten Ehrenamtlichen kümmerten sich um Vernachlässigte, bildeten Lehrer aus, verteilten Bibeln. Ihr Motiv: Nächstenliebe zur Ehre Gottes praktizieren. Besonders in den Jahrzehnten der Industrialisierung verschärften sich die sozialen Probleme in Deutschland. Überzeugte Protestanten gründeten Diakonissenanstalten, in denen Frauen ehrenamtlich zu Krankenschwestern ausgebildet wurden, Ausbildungsstätten für Jugendliche wie das „Rauhe Haus" in Hamburg oder die bekannten Bodelschwinghschen Anstalten in Bethel entstanden. Alle Einrichtungen basierten auf ehrenamtlicher Tätigkeit.

Im Deutschen Kaiserreich schlossen sich von 1871 an Männer und später auch Frauen zusammen, um kulturelle, religiöse, soziale und politische Ziele gemeinsam zu verfolgen. Frauen aus gutbürgerlichem und adligem Haus, die über ausreichend Geld und Freizeit verfügten, übernahmen soziale Ehrenämter im Bereich der Fürsorge. Gleichzeitig schossen Vereine wie Pilze aus dem Boden. Im 19. Jahrhundert standen freizeit- und kulturorientierte Bereiche, wie etwa Gesangsvereine, Spielmannszüge oder Karnevalsvereinigungen hoch im Kurs. Immerhin – jeder dritte Verein, der sich mit Brauchtum der Tradition beschäftigt, wurde vor mehr als 100 Jahren auf einer Gründungsurkunde eingetragen. Bis heute besteht dieses Erbe des Vereinswesens: in Arbeiter- und Frauenbewegungen, Gewerkschaften, Schützen-, Turn oder Gesangvereinen. Aber auch Fürsorgevereine oder die Freiwillige Feuerwehr, bürgerliche Bildungsvereine und christliche Organisationen wie Bibelgesellschaften, Schulvereine oder Pflegeeinrichtungen stammen aus dieser Zeit.

Um die Jahrhundertwende dann gründeten sich viele Berufs- und lokale Dachverbände. Zwar unterschied sich dieses Verbandsehrenamt kaum vom Ehrenamt im Verein, doch für das aufkeimende nationalsozialistische Regime waren viele dieser Verbände nützlich. Nach einer deutlichen Zäsur wurden sie Staat und Partei gleichgeschaltet. Die Folge: Der politische Zugriff auf Vereine und Verbände zerstörte von 1933 an viele Formen ehrenamtlicher Tätigkeit.

In den vergangenen 60 Jahren kam es zu zwei großen Wellen einer Wiederbelebung ehrenamtlichen Engagements: Trotz des Wiederaufbaus in den Nachkriegsjahren fanden viele Bürger Zeit, sich neu in Vereinen und Verbänden ehrenamtlich zu organisieren. Die zweite Welle begann in den 1970-er Jahren. Erstmals bildeten sich viele soziale Initiativen, die das traditionelle Ehrenamt auf andere Art fortsetzten: Kinderläden, Kunstvereine, Theatergruppen in Hinterhöfen. Umweltschutz und Friedensbewegungen, Bürgerinitiativen und auch Selbsthilfegruppen organisierten sich zunehmend in Vereinsform. Heute existieren in Deutschland mehr als 100 000 Selbsthilfegruppen, in denen sich Bürger freiwillig engagieren. Nicht selten richtet sich das bürgerschaftliche Engagement gegen bestimmte politische Entscheidungen oder soziale Einschnitte im direkten Umfeld: etwa gegen den geplanten Neubau einer Autobahn oder gegen die mangelhafte Versorgung mit Hortplätzen.

In den vergangenen 15 Jahren ist mehr als jeder zweite Verein im Bereich des Gesundheitswesens entstanden, im Bereich Soziale Dienste wie etwa Kindergruppen oder Horte sind mehr als die Hälfte hinzu gekommen. 2005 wurden in den Vereinsregistern rund 594 000 eingetragene Vereine geführt. *

Ehrenamt heute

Selbstlos, sich aufopfern, aus christlicher Nächstenliebe oder bloßem Pflichtbewusstsein handeln – jahrzehntelang haftete dem Begriff „Ehrenamt" der Ruf an: nicht klagen und nicht fordern. Ein Erbgut der Geschichte. Die Zeiten haben sich jedoch geändert und damit auch die Werte der Gesellschaft. Seit den neunziger Jahren ist eine neue Form der Freiwilligenarbeit aufgekommen: Es geht nicht mehr nur um Pflichterfüllung, sondern auch um Selbstentfaltung. Nicht der Staat fordert ehrenamtliches Engagement, sondern dies geschieht nun „von unten", von der Basis aus: Die Bürger selbst entscheiden, wie, wo und wann sie die Gesellschaft zumindest im Kleinen mitgestalten möchten. Denn ehrenamtliches Engagement kann vieles auffangen, was an staatlicher Leistung wegbricht.

Früher war der Einsatz für das Gemeinwohl eine „Ehrensache", die Zeit und Geld erforderte und der gesellschaftlichen Anerkennung diente. Heute ist freiwilliges Engagement auch etwas, das die Bürger für sich persönlich tun: Heutige Ehrenamtliche wollen ihre individuellen Interessen berücksichtigt sehen; eine Tätigkeit ausüben, in der sie ihre Fähigkeiten, ihre Erfahrungen einbringen können; ein Engagement übernehmen, das sich zeitlich und organisatorisch mit der persönlichen Lebenssituation vereinbaren lässt. Der Staat kann zum Engagement anregen: Mit einer Reform des Stiftungsrechts, mit Förderprogrammen für Senioren wie etwa dem „Erfahrungswissen für Initiativen" (EFI), der Einrichtung eines freiwilligen sozialen Jahres für Senioren, aber auch mit absichernden, einheitlichen Regelungen beim Versicherungsschutz für freiwillig Tätige. ✳

Ein bisschen Statistik

Die Ergebnisse von zahlreichen Studien zum ehrenamtlichen Engagement in Deutschland sprechen eine deutliche Sprache: 70 Prozent der Bevölkerung von 14 Jahren an sind in Gruppen, Vereinen, Organisationen und öffentlichen Einrichtungen aktiv. Und davon sind immerhin 36 Prozent ehrenamtlich aktiv – das hat der 2. Freiwilligensurvey im Jahr 2004, eine bundesweite Umfrage des Bundesministeriums für Familie, Senioren, Frauen und Jugend, ergeben. Das heißt: Jeder dritte Bundesbürger übernimmt freiwillig und unbezahlt oder gegen eine geringe Aufwandsentschädigung eine Aufgabe. Tendenz steigend. Das sind deutlich mehr als noch vor 20 Jahren. Damals engagierten sich nur 25 Prozent der Deutschen ehrenamtlich. Für den vermeintlichen Musterschüler Deutschland war dieses Ergebnis ein Schock. Doch Jahre später zeichnet der 2. Freiwilligensurvey ein weitaus freundlicheres Bild vom Ehrenamt in Deutschland. Das freiwillige Engagement der Bundesbürger ist demnach

**Freiwilliges Engagement und Bereitschaft
zum freiwilligen Engagement (1999 und 2004)**
Bevölkerung ab 14 Jahren (Angaben in %)

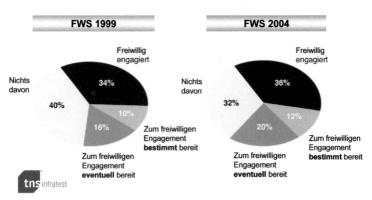

(Quelle: Freiwilligensurveys 1999 und 2004) In: Freiwilliges Engagement in Deutschland 1999–2004, S. 81

gleich gezogen – mit dem anderer europäischer Länder. Mehr noch, das Ehrenamt hat hierzulande Konjunktur.

Die Senioren nehmen's in die Hand

Die am stärksten wachsende Gruppe Ehrenamtlicher sind ältere Menschen zwischen 60 und 69 Jahren, heißt es im 2. Freiwilligensurvey, einer von der Bundesregierung in Auftrag gegebenen Studie zum Ehrenamt: Sechs Prozent der so genannten jungen Alten sind in Gruppen und Vereinen freiwillig mehr engagiert als im Jahr 1999. Die Altersgruppe der ab 60-Jährigen hat insgesamt um vier Prozent zugelegt. Denn Senioren sind in immer stärkerem Maß körperlich und geistig fit, verfügen über freie Zeit, in der sie sich zunehmend gesellschaftlich engagieren. Sie kümmern sich um betreuungsbedürftige Nachbarn, trainieren Sportmannschaften oder unterstützen Zuwanderer. Dabei sind es oft Engagierte, die einen großen Freundeskreis und eine gute Bildung haben.

Freiwillig Engagierte nach Altersgruppen (1999 und 2004)
Bevölkerung ab 14 Jahren (Angaben in %)

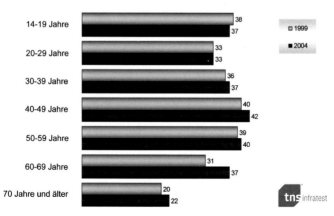

(Quelle: Freiwilligensurveys 1999 und 2004) In: Freiwilliges Engagement in Deutschland 1999–2004, S. 67

Die Älteren wünschen sich in der Umbruchs- und Orientierungsphase nach Beruf oder Familie besondere Informations- und Beratungsangebote über Möglichkeiten ehrenamtlichen Engagements. Ein Angebot, das etwa die zahlreichen Freiwilligenagenturen in Städten und Kommunen anbieten.

Der Motor fürs Engagement

Motor fürs Ehrenamt ist bei den meisten Senioren die Einstellung, „wenigstens im Kleinen die Gesellschaft mit zu gestalten". Die Sache selbst in die Hand nehmen, ist für die meisten freiwillig Engagierten eine gemeinsame Angelegenheit. Für viele zählt aber auch: Im Verein oder in der Initiative „mit anderen Menschen zusammenkommen". Auch ein gewisses Pflichtgefühl steht bei vielen Senioren als Motiv für ihr Ehrenamt im Hintergrund: „Mein Engagement ist eine Aufgabe, die gemacht werden muss und für die sich schwer jemand findet", sagen viele der Befragten im 2. Freiwilligensurvey.

Erwartungen an die freiwillige Tätigkeit (2004)
Zeitaufwändigste Tätigkeit (Mittelwerte 1 bis 5)

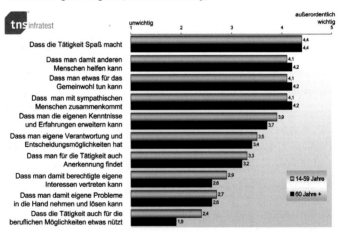

(Quelle: Freiwilligensurveys 1999 und 2004) In: Freiwilliges Engagement in Deutschland 1999–2004, S. 332

Das heißt jedoch nicht, dass der Spaßfaktor bei den älteren Engagierten wegfällt. Im Gegenteil: Genauso wie alle anderen Freiwilligen wollen sie Spaß im Ehrenamt haben, ihren Horizont erweitern und in Kontakt mit interessanten Menschen kommen. Die genannten Motive fürs Ehrenamt machen deutlich: Das Verständnis für freiwilliges Engagement hat sich im Laufe der Jahre geändert. Vor allem ist es der Wunsch, die eigenen Interessen mit dem Einsatz für andere in Einklang zu bringen.

Da drückt der Schuh – was verbessert werden muss

Wenn es darum geht, was Organisationen oder Vereine für die Arbeit ihrer Ehrenamtlichen verbessern könnten, steht für alle Altersgruppen eins im Vordergrund: Mehr Geld für bestimmte Projekte zur Verfügung zu stellen. Das sollte eigentlich selbstverständlich sein, doch oft wird den Freiwilligen gesagt: „Das geht schon irgendwie." Ebenso wird oft eine mangelnde Sachausstattung kritisiert. Wenn sich etwa mehrere Ehrenamtliche ein Telefon und ein Computer teilen müssen.

Für die Engagierten im Sozialbereich hat die menschliche und psychische Unterstützung eine tragende Rolle. Die Arbeit mit pflegebedürftigen, älteren Menschen kann stark belastend sein. Regelmäßige Gesprächsrunden oder Supervisionen helfen, Erlebnisse und Eindrücke zu bewältigen und zu erfahren.

Dazu zählen auch qualitativ gute Weiterbildungen für die Ehrenamtlichen: In der Regel sind die Engagierten aufgeschlossen, professionelle Anleitungen zu befolgen und Ratschläge anzunehmen. Ergebnisse des Freiwilligensurveys zeigen: Engagierte im Sozial- und Gesundheitsbereich fühlen sich häufig überfordert. Fortbildungen vermitteln den

Wünsche an die Organisationen bei ab 60-Jährigen

Zeitaufwändigste Tätigkeit (Angaben in %), Mehrfachnennungen möglich,
Summe ergibt mehr als 100%

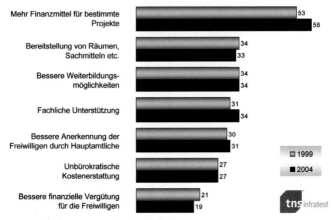

Da „drückt der Schuh", da sind Verbesserungen nötig...

Mehr Finanzmittel für bestimmte Projekte: 53 (1999), 58 (2004)
Bereitstellung von Räumen, Sachmitteln etc.: 34 (1999), 33 (2004)
Bessere Weiterbildungsmöglichkeiten: 34 (1999), 34 (2004)
Fachliche Unterstützung: 31 (1999), 34 (2004)
Bessere Anerkennung der Freiwilligen durch Hauptamtliche: 30 (1999), 31 (2004)
Unbürokratische Kostenerstattung: 27 (1999), 27 (2004)
Bessere finanzielle Vergütung für die Freiwilligen: 21 (1999), 19 (2004)

☐ 1999 ■ 2004

tns infratest

(Quelle: Freiwilligensurveys 1999 und 2004) In: Freiwilliges Engagement in
Deutschland 1999–2004, S. 339

Ehrenamtlichen aber auch das Gefühl: „Hier werde ich mit
Wert geschätzt." Das steigert die Motivation. ✱

Im Interview
Ursula von der Leyen

JAHRGANG 1958, IST BUNDESMINISTERIN FÜR FAMILIE,
SENIOREN, FRAUEN UND JUGEND. DAS EHRENAMT IST DER
PROMOVIERTEN ÄRZTIN BESONDERS WICHTIG, DENN ES
HÄLT DIE GESELLSCHAFT ZUSAMMEN. DIE CHRISTDEMOKRATIN
IST VERHEIRATET MIT PROFESSOR HEIKO VON DER LEYEN
UND MUTTER VON SIEBEN KINDERN.

„EHRENAMT MACHT UNSERE GESELLSCHAFT MENSCHLICH."

Frau Bundesministerin, was ist für Sie Ehrenamt?
Eine kurze Definition.

Ehrenamt bedeutet, dass Menschen sich freiwillig
für andere einsetzen oder für Themen, die ihnen
am Herzen liegen. Dabei bereichern sie nicht nur die
Gemeinschaft, sondern mit einer ehrenamtlichen
Aufgabe auch sich selbst.

Waren Sie schon einmal ehrenamtlich tätig?

Ich habe mich in den klassischen Feldern als Mutter
engagiert: Ich habe mit den Kindern im Kindergarten und in der Schule als Elternvertreterin gearbeitet. Und ich habe eine Weile in unserem Wohnort
Ilten bei Hannover im Sportverein die Eltern-Kind-
Gruppe fürs Turnen geleitet. Auch das Krippen-

spiel der Kirche in unserem Dorf habe ich zweimal geleitet.

Stellen Sie sich vor, Sie sind im Rentenalter und wollen sich ehrenamtlich engagieren. Wie gehen Sie vor?

Zunächst würde ich überlegen, was meine Fähigkeiten sind und für welches Thema ich innerlich brenne. Zweitens muss ich mir klar darüber werden, welches Zeitkontingent ich zur Verfügung habe – zum Beispiel einmal im Monat einen Tag oder jeden Tag fünf Minuten. Der dritte Punkt ist: Ich würde mich umschauen, wo ich mich über freiwilliges Engagement informieren kann – etwa in einem lokalen Seniorenbüro oder in einem Mehrgenerationenhaus vor Ort. Auch das Internet ist mit seinen vielen Angeboten und Plattformen eine gute Informationsquelle für die Möglichkeiten vor Ort.

In welchem gesellschaftlichen Bereich würden Sie sich besonders gerne engagieren?

Mehrere Aufgaben interessieren mich: Wegen meiner Biografie ist mir die Arbeit mit Kindern besonders wichtig. Als Ärztin finde ich auch die Arbeit mit kranken Menschen spannend. Auch die Aufgaben in einem Hospiz würden mich reizen. Hier interessiert mich die Frage: Wie kann es gelingen, die letzte Wegstrecke des Lebens vor dem Tod gemeinsam so zu gestalten, dass sie ein würdevolles Abschiednehmen ist?

Was motiviert Sie und andere Menschen, sich freiwillig zu engagieren?

Das freiwillige Engagement macht unsere Gesellschaft menschlich. Es beflügelt und tut gut, sich einzusetzen und etwas zu schaffen in lokalen

Initiativen oder Vereinen. Und ich habe als Ehrenamtliche auch was von meinem Einsatz: Es ergeben sich
zwischenmenschliche Kontakte, ich bekomme neue
Anreize und Ideen für mein Engagement, es entsteht
ein Netzwerk vor Ort. Es können Probleme gemeinsam gelöst werden, die alleine eine unüberwindbare
Hürde wären. Gerade diese starke Gemeinschaft ist
ein Grundgefühl, das zum ehrenamtlichen Engagement anreizt. Ganz konkret: Es macht einfach mehr
Spaß den Nachmittag gemeinsam in der Sporthalle
beim Eltern-Kind-Turnen zu verbringen, als alleine
im Wohnzimmer.

*Anderen helfen, aber auch selbst einen Nutzen aus dem eh-
renamtlichen Engagement ziehen – welche ist die wichtigere
Motivation fürs Ehrenamt?*

Es ist eine starke Wechselbeziehung. Der ursprüng-
liche Impuls des Ehrenamts war es, anderen Menschen zu helfen und damit die Gemeinschaft mitzu-
gestalten. Doch wie bei einem Echo hat der Aktive
auch etwas von seinem Engagement. Je mehr sich
der Einzelne für die Gemeinschaft einsetzt, damit
sie ein warmes und menschliches Gesicht bekommt,
desto stärker kann er sich darauf verlassen: Die Gemeinschaft ist stark und hilft auch ihm. Die Freude
am Gestalten der Umgebung, in der man lebt, ist
eine wichtige Motivation. Das Ehrenamt ist die große
Chance, diese Welt ganz aktiv zu gestalten.

*Der Sozialstaat befindet sich im Umbau. Immer weniger
Leistung wird vom Staat in die Gemeinschaft investiert,
aber immer mehr Leistung vom Bürger erwartet. Welche
Aufgabe hat das Ehrenamt für den Staat?*

Unser Staat mit seiner demokratischen Verfassung
kann nicht ohne starke, mündige Bürger existie-

ren. Stark heißt, sich darauf zu besinnen, welche Fähigkeiten jeder Einzelne hat, die er oder sie in die Gesellschaft einbringen kann. Denn der Staat kann die warme, zwischenmenschliche Beziehung nicht verordnen. Das muss von Menschenhand im Ehrenamt getan werden. Der Staat sichert dagegen dort, wo Menschen sich nicht mehr aus eigener Kraft helfen können. Staat und Ehrenamt sind also kein Gegensatz: Es ist vielmehr ein Hand in Hand gehen. Ich beobachte, dass Probleme vor Ort oft schneller, besser und unkomplizierter durch Ehrenamtliche gelöst werden als es der Staat könnte.

Ist das Ehrenamt denn nicht nur Lückenbüßer für Aufgaben, die eigentlich der Staat erfüllen müsste?

Keineswegs. Das Ehrenamt ist viel reichhaltiger. Der Staat ist kein anonymes Gebilde, der Staat selber besteht ja aus Menschen, bei uns in Deutschland sind es 82 Millionen. Der Staat schafft den Rahmen wie etwa Sicherheit, das Sozial-, Steuer- oder Bildungswesen. Die Bürgerinnen und Bürger füllen diesen Rahmen aus. Schlimm wäre es, wenn ein überbordender Staat den Menschen die Verantwortung entzieht. In unserer Gesellschaft brauchen wir eine Kultur der Verantwortung für einander. Eine Kultur, in der der Einzelne seine Freiheit so versteht, dass er selbst Verantwortung übernimmt. Erst wenn er an seine Grenzen kommt, ist der Staat und die Solidarität der Gemeinschaft gefordert.

Manche Ehrenamtliche wünschen sich für ihren Einsatz mehr Aufmerksamkeit von der Öffentlichkeit und der Politik. Wie kann das erreicht werden?

Ich verstehe, dass einige Ehrenamtliche sich nicht genügend anerkannt fühlen. Deshalb müssen wir eine ausgeprägte Anerkennungskultur in unserem Land entwickeln. Es kann gar nicht genügend ans Licht gebracht werden, was Ehrenamtliche leisten – und zwar täglich mit großer Treue und Zuverlässigkeit. Anerkennungskultur ist eine der wichtigsten Grundlagen für das Ehrenamt. Dadurch wird deutlich, dass es ohne diese Menschen und ihren Einsatz sehr viel ärmer in unserem Land aussehen würde.

Konkret: Wie fördern Sie als Bundesministerin diese Anerkennungskultur?

Wir richten gemeinsam mit großen Organisationen Veranstaltungen aus wie etwa die „Woche des bürgerschaftlichen Engagements" oder den „Tag der Ehrenamtlichen". Dabei werden die bürgerschaftlichen Aktionen in den Fokus der Öffentlichkeit gerückt. Die Ehrenamtlichen stehen mit ihrem Engagement im Mittelpunkt und werden von anderen – etwa auch den Medien – wahrgenommen. Aber auch das Verleihen von Urkunden oder Orden sind eine Form der Anerkennung.

Die Gesellschaft scheint dreigeteilt: Ein Drittel engagiert sich freiwillig, ein anderes Drittel sympathisiert mit einem Ehrenamt, ein Drittel ist gar nicht aktiv. Wie werben Sie als Bundesministerin fürs Ehrenamt?

Zunächst bin ich dafür verantwortlich, dass die Rahmenbedingungen für die Organisationen, die Ehrenamt ermöglichen, gut sind – dazu zählen beispielsweise der Versicherungsschutz und Fortbildungsangebote. Außerdem schafft die Bundesregierung Informationsplattformen im Internet, durch Seniorenbüros oder Freiwilligenagenturen. Hier können sich Menschen informieren, wie und wo sie ihre Zeit und ihre Fähigkeiten ehrenamtlich einsetzen. Wenn ich für das Ehrenamt werbe, dann spreche ich oft von der faszinierenden Erfahrung, dass der Einzelne durch Engagement über sich hinaus wächst und lernt: Ich kann viel mehr bewirken, als ich es je geahnt habe.

Wie begeistern Sie ältere Menschen fürs Ehrenamt?

Wir haben ein Modell, das „Erfahrungswissen für Initiativen" heißt. Hier werden Senior-Trainer ausgebildet, die ganz praktische Sachen lernen: Wie baue ich eine ehrenamtliche Organisation auf oder wie motiviere ich andere Menschen meiner Altersgruppe, sich ehrenamtlich zu engagieren? In einer Zeit, in der wir so viele fitte ältere Menschen haben wie nie zuvor, ist es gut, wenn Gleichaltrige andere motivieren und überzeugen.

In welchen Bereichen der Gesellschaft ist ehrenamtliche Tätigkeit denn besonders gefragt?

Es gibt drei große Gebiete: Das eine ist der Bereich rund um Kinder und Bildung – in Kindergarten und Schule. Hier gibt es viele Möglichkeiten, ehrenamtlich einen Raum zum Lernen zu gestalten. Der zweite Bereich ist der Sport. Hier sind alle Generationen aktiv. Der dritte Bereich ist der kirchliche und der soziale Raum, wie etwa die Hospizbewegung oder die vielen Selbsthilfegruppen, aber auch Hausaufgabenhilfen oder der Einsatz für sozial benachteiligte Jugendliche.

Wie schätzen Sie die Zukunft des Ehrenamts ein?

Die Bedeutung des Ehrenamts wird steigen. Wir müssen das Zusammenspiel von Haupt- und Ehrenamtlichen noch besser aufeinander abstimmen. Ehrenamtliche sind keine Lückenbüßer und Hauptamtliche sind nicht nur die Bezahlten. Ehrenamtliche müssen ihre Kompetenzen ausbauen können, dafür benötigen sie Freiräume. Im Jahr 2030 werden wir den Höhepunkt der demografischen Entwicklung erreicht haben. Es wird dann eine hohe Zahl älterer Menschen in unserer Gesellschaft geben. Die Folge ist, dass ein Großteil der Bevölkerung auf Hilfe angewiesen sein wird. Besonders in der Pflege und Betreuung wird die Aufgabe des Ehrenamts enorm wachsen.

Was raten Sie Menschen, die ins Rentenalter kommen und sich fürs Ehrenamt interessieren?

Ältere Menschen haben leise Sorge vor dem Thema Altersverwirrtheit und Einsamkeit. Das beste Mittel dagegen ist mentale Aktivität. Menschen, die bereit sind, Kontakte zu knüpfen, aktiv mit anderen zu kommunizieren, Probleme anzupacken, Lösungen zu finden, Konflikte auszutragen, die sind im Ehrenamt richtig. Und all das hält fit. Um die passende ehrenamtliche Aufgabe zu finden, rate ich, sich vor Ort zu informieren – in Freiwilligenagenturen, in Seniorenbüros oder im Internet. So bekommt jeder ein Bild davon, was er leisten kann, wie viel Zeit er hat und welche Angebote da sind. Persönlichkeit und Aufgabe müssen zueinander passen. Das Faszinierende ist, dass Ehrenamtliche glücklicher und gesünder sind und vor allem länger leben. Ehrenamt macht nicht reich, aber es bereichert. ✽

Im Interview
Roswitha Verhülsdonk

JAHRGANG 1927, IST SEIT 1996 VORSITZENDE DER BUNDES-
ARBEITSGEMEINSCHAFT DER SENIOREN-ORGANISATIONEN
(BAGSO). VON 1972 BIS 1994 WAR SIE MITGLIED DES
DEUTSCHEN BUNDESTAGES FÜR DIE CDU, VON 1990 BIS
1994 PARLAMENTARISCHE STAATSSEKRETÄRIN IM BUNDES-
MINISTERIUM FÜR FAMILIE UND SENIOREN.

„OHNE DIE ÄLTEREN IST KEIN STAAT ZU MACHEN"

*Frau Verhülsdonk, Sie sind Vorsitzende der Bundesarbeits-
gemeinschaft der Senioren-Organisationen, in der sich über
90 Verbände mit mehr als zwölf Millionen Mitgliedern über
50 Jahre zusammengeschlossen haben. Welche Bereitschaft
zeigen ältere Menschen für ehrenamtliches Engagement in
Deutschland?*

> Bereits 1999 hat der 1. Freiwilligensurvey gezeigt,
> dass fast jeder Dritte der 60- bis 75-Jährigen sich in
> irgendeiner Weise für das Gemeinwohl einsetzt. Die
> letzte Fortschreibung dieser Befragung im Jahr 2004
> hat ergeben, dass die Seniorinnen und Senioren die
> einzige gesellschaftliche Gruppe sind, bei der das
> ehrenamtliche Engagement zugenommen hat, und
> zwar in der Gruppe der 55- bis 64-Jährigen um sechs
> Prozent.

In welchen Bereichen engagieren sich Seniorinnen und Senioren besonders?

Das sind zum einen freiwillige Tätigkeiten in den traditionellen Bereichen: Vereine, Verbände, kirchliche Gemeinden, Sport und Kultur. Zunehmend findet man ältere Menschen aber auch in Bürgerinitiativen, wie etwa im Verkehrsbereich oder im Umweltschutz sowie in Projekten, in denen Alt und Jung zusammen arbeiten.

Warum ist das Engagement älterer Menschen für das Funktionieren des Sozialstaates so wichtig?

Schon heute macht der Anteil der über 60-Jährigen fast 25 Prozent der Gesellschaft aus. Er steigt in den nächsten Jahren schnell auf etwa ein Drittel der Bevölkerung. Ältere haben ein hohes Verantwortungsbewusstsein, sie sind die eifrigsten Wähler. Sie haben in ihrem Leben erfahren, was die Demokratie wert ist für Frieden und soziale Gerechtigkeit. Viele wollen auch den Jüngeren ein Beispiel geben.

Was sind die grundlegenden Motive für das freiwillige Engagement von Seniorinnen und Senioren?

Die allermeisten Ehrenamtlichen haben sich schon fast ihr ganzes Leben lang engagiert, sehr oft wurde es ihnen bereits im Elternhaus vorgelebt; das gilt vor allem für den kirchlichen Bereich und hat auch mit der religiösen Prägung der Menschen zu tun. Zunehmend kommen neue Motive ins Spiel: Ältere wollen ihr Wissen und Können für das Gemeinwohl einsetzen, sie wollen neue Kontakte knüpfen, ihrem Leben Sinn geben.

Was können ältere Menschen bei ihrer ehrenamtlichen Tätigkeit besonders einbringen?

Lebenserfahrung, Mitmenschlichkeit, Hilfsbereit-
schaft auch in der Nachbarschaftshilfe und zugunsten von hilfebedürftigen Hochaltrigen. Sie sind oft
auch besonders teamfähig, weil sie das in Beruf und
Familie gelernt haben.

*Beschränkt sich der Freiwilligendienst von Älteren auf
Verbandstätigkeit, oder gibt es darüber hinaus auch andere
Felder der Betätigung?*

Die wenigsten sind als gewählte Vorstandsmitglieder
für Vereine und Verbände engagiert. Aber dort
gibt es eine Fülle von Hilfstätigkeiten, die erst ein
reges Vereinsleben mit Festen und Feiern möglich
machen. In Sportvereinen sind viele Ältere als
Übungsleiter oder Betreuer von Jugendgruppen
tätig, was meist besonders gut funktioniert. In neuen
Bürgerinitiativen sind Frauen oft die Initiatoren und
auch Organisatoren, dies vor allem in den neuen
Bundesländern. Frauen findet man aber auch besonders oft in kulturellen Initiativen.

*Sind die Ehrenamtlichen nur Lückenbüßer für Dienstleis-
tungen, die der Staat wegen Kosteneinsparungen nicht mehr
leisten kann?*

Nein. Das wollen sie auch gar nicht sein. Viele
Freiwillige leisten niedrigschwellige soziale Hilfen,
die die hauptamtlichen, hoch qualifizierten sozialen
Dienste ergänzen, sie aber vor allem auch huma-
ner machen, weil Zeit und Zuwendung angeboten
werden. Diese Freiwilligen erwarten aber von den
Hauptamtlichen Partnerschaftlichkeit, Beratung
und Weiterbildung, denn sie wollen ihren Dienst
so gut wie möglich machen.

Ein landläufiges Vorurteil besagt, dass es hauptsächlich die Frauen sind, die sich engagieren. Wie sieht es mit den Rentnern aus?

Frauen findet man vor allem da, wo es um den Dienst am Menschen geht. Sie arbeiten in Bereichen, wo wenig Geld vorhanden ist und meist auch wenig Ehre zuteil wird. Männer suchen eher organisatorische Aufgaben, engagieren sich, wo es Finanzmittel gibt und bevorzugen Aufgaben, die gesellschaftlich anerkannt sind und auch sichtbar werden. In den neu gegründeten Seniorenbüros hat die Zahl der Männer deutlich zugenommen. Da findet man andere Männer, mit denen man etwas Neues aufbauen kann.

Es gibt viele Menschen, die ins Rentenalter kommen und sich gerne engagieren würden – aber nicht wissen wie und wo. Was raten Sie denen?

Wo es Seniorenbüros gibt, da gibt es Beratung und fachliche Begleitung. Aber zunehmend bieten Vereine und Verbände Menschen, die sich engagieren wollen, ebenfalls Beratung, Begleitung und Weiterbildung an. Auch Volkshochschulen und Seniorenräte in Kommunen sind oft gute Anlaufstellen. An Seniorentagen in Städten und Kreisen gibt es oft einen Markt der Möglichkeiten, auf dem sich Vereine und Gruppen vorstellen.

Zum Teil wird ehrenamtliches Engagement vom Staat gefördert. Was muss sich verändern, damit die Anreize für den Freiwilligendienst gerade bei Senioren besser werden?

Der Deutsche Bundestag hat sich in einer Enquête-Kommission ausgiebig mit dem Thema Freiwilliges Engagement befasst und eine Fülle von Forderungen an die Politik formuliert. Da geht es beispielsweise um Versicherungsschutz bei Unfall- und Haftpflicht-versicherung, was teilweise durch Bund und Länder geregelt ist, um Information und um Kostenerstattung. Gegründet wurde ein Bundesnetzwerk „Bürgerschaftliches Engagement", das vieles vorantreibt, was Engagement fördert. Der Staat hat offenbar begriffen, was für eine humane Bürgergesellschaft notwendig ist.

Ehrenamtliches Engagement ist oft mit großem Zeitaufwand und finanzieller Eigenleistung verbunden. Was tun, um das auszugleichen?

Zeit können die Älteren einsetzen und tun es auch. Sie wollen aber nicht ausgenutzt und überfordert werden, sondern ihren Einsatz selbst planen, ihre Zeit einteilen und auch vertreten werden, wenn sie verreisen möchten. Unkostenersatz ist unabdingbar, leider aber nicht überall möglich. Das hindert manche Seniorin, manchen Senior mit einer kleinen Rente daran, mitzumachen. Wenn erst mal die Kommunen begriffen haben, dass sich auch bei knappen Kassen freiwillige Dienste volkswirtschaftlich rechnen, dann wird sich manches Problem lösen lassen. Wir brauchen insgesamt eine neue Anerkennungskultur für Ehrenamtliche. Mit der Urkunde für langjährige treue Dienste werden wir künftige Rentnergenerationen sicher nicht mehr zufrieden stellen. Aber Ehrenamtlichentage und Feste, bei denen auch die Presse erscheint und Politiker öffentlich „Danke" sagen, werden heute gern angenommen.

Wo sehen Sie das Ehrenamt für Seniorinnen und Senioren in Zukunft?

Ohne den Einsatz der Älteren ist in Zukunft kein Staat zu machen. ✽

WAS ES ALLES SO GIBT:
Acht Handlungsfelder

Sich ehrenamtlich oder freiwillig für die Gemeinschaft zu engagieren, ist in jedem Alter attraktiv. Für junge Menschen kann das Engagement das soziale Empfinden stärken, sie können sich neue Fähigkeiten und Kompetenzen aneignen. Für die etwa 30- bis 55-Jährigen ist ehrenamtliche Arbeit oft ein Ausgleich zu Beruf und Familie. Verantwortung und engagiertes Handeln bringen zahlreiche Kontakte und Anerkennung – und es trägt zur Persönlichkeitsentwicklung bei.

Eine besondere Bedeutung hat das Ehrenamt für ältere Menschen. Die Ergebnisse des 2. Freiwilligensurveys sind der beste Beweis dafür: In dem kurzen Zeitraum von 1999 bis 2004 hat sich das freiwillige Engagement älterer Menschen von 26 auf 30 Prozent gesteigert. Als besonders dynamisch hat sich dabei die Gruppe der „jungen Alten" von 60 bis 69 Jahren herausgestellt, die in diesen fünf Jahren einen erstaunlichen Zuwachs von 31 auf 37 Prozent freiwillig Engagierte verzeichnet.

Das liegt zum einen an der steigenden Lebenserwartung und auch an dem medizinischen Fortschritt. Das Leben hat für viele ältere Menschen nach dem Renteneintritt an Qualität gewonnen. Zum anderen hat sich das Renteneintrittsalter in den vergangenen Jahren zunehmend flexibilisiert. Die Folge: Immer mehr ältere Bürger haben Zeit, sich ehrenamtlich zu engagieren.

Besonders aktiv sind Senioren im Sport sowie im kirchlich-religiösen Bereich: 6,5 Prozent der über 60-Jährigen sind in Sportvereinen, sieben Prozent in kirchlichen oder religiösen Gemeinschaften engagiert. Das hat der 2. Freiwilligensurvey, eine Studie der Bundesregierung, ergeben. Aber auch soziale Tätigkeiten wie etwa die Betreuung von Demenzkranken oder die Lesehilfe eines Grundschülers stehen bei Älteren hoch im Kurs. Die Senioren haben also weitaus mehr als andere Altersgruppen in den vergangenen Jahren zur Belebung des sozialen Engagements in Deutschland beigetragen. Freizeit und Geselligkeit sowie Kultur und Musik – das sind ebenfalls klassische Felder, auf denen Senioren sich heute engagieren. ✺

Engagement in verschiedenen Engagementbereichen bei ab 60-Jährigen

Bevölkerung ab 60 Jahren (Angaben in %), Mehrfachnennungen möglich, Summe ergibt mehr als 100%

Größere Bereiche

- Sport und Bewegung
  6.5% / 6.5%
- Kirche und Religion
  5.5% / 7%
- Sozialer Bereich
  5% / 7%
- Freizeit und Geselligkeit
  5% / 5%
- Kultur und Musik
  4.5% / 5%

Kleine Bereiche

- Politik / Interessenvertretung
  2% / 2.5%
- Lokales Bürgerengagement
  1.5% / 2.5%
- Umwelt- und Tierschutz
  1.5% / 2.5%
- Berufl. Interessenvertretung
  1.5% / 2%
- Feuerwehr / Rettungsdienste
  1% / 1%
- Jugendarbeit / Bildung
  1% / 1.5%
- Schule/Kindergarten
  1% / 1.5%
- Gesundheitsbereich
  1% / 1%
- Justiz / Kriminalitätsprobleme
  1% / 1%

tns infratest

(Quelle: Freiwilligensurveys 1999 und 2004) In: Freiwilliges Engagement in Deutschland 1999–2004, S. 307

Senioren engagieren sich sozial

Das Füreinanderdasein war sowohl im 19. Jahrhundert als auch in der Nachkriegszeit das Motiv für viele Gründungen von Vereinen und Verbänden. Bis heute ist das Engagement in sozialen Einrichtungen und Diensten von großer Bedeutung. Dabei sind die Formen des sozialen Engagements vielfältig. Von der persönlichen Hilfe von Mensch zu Mensch durch Besuchsdienste oder Nachbarschaftshilfe über das Leiten von Selbsthilfegruppen bis hin zum Einsatz für die sozialrechtlichen Belange älterer Menschen reicht das Spektrum. Bei der großen Anzahl der Organisationen und der Fülle der sozialen Handlungsfelder können nur einige als Beispiel vorgestellt werden. Weitere Kontaktadressen finden Sie im Anhang des Buches sowie in den „Gelben Seiten" Ihrer Stadt oder Region.

Mehr als 10 000 Helferinnen und Helfer arbeiten im Rahmen der als gemeinnützig anerkannten Arbeitsgemeinschaft evangelischer und ökumenischer Krankenhaus- und Altenheimhilfe. Die Ehrenamtlichen besuchen ältere und kranke Menschen in Krankenhäusern oder Altenpflegeinrichtungen. Die Aufgaben der „Grünen Damen und Herren" sind

Versöhnung über den Gräbern

Der Volksbund Deutsche Kriegsgräberfürsorge e. V. kümmert sich im Auftrag der Bundesregierung um die Gräber der deutschen Kriegstoten im Ausland und folgt in seinen vielfältigen Aufgaben dem Leitwort „Versöhnung über den Gräbern – Arbeit für den Frieden". Der Verein ist in vielen Bereichen auf ehrenamtliches Engagement angewiesen, vom Ortsverband über Kreis-, Bezirks- und Länderebene bis hin zum Bundesvorstand. Bei der Pflege der Kriegsgräberstätten in 45 Staaten helfen junge Menschen zwischen 14 und 27 Jahren in unseren Workcamps, Ältere helfen bei der Organisation dieser bewährten Art von Jugendbegegnung. Zudem unterstützen uns Schulklassen, Bundeswehr-Soldaten und Reservisten, THW- und Feuerwehr-Gruppen, aber auch nicht organisierte Freiwillige. Wer sich unter den Jüngeren längerfristig engagieren möchte, arbeitet in den Jugendarbeitskreisen mit. Pädagogen helfen bei der Jugend- und Bildungsarbeit, indem sie unter anderem an der Erstellung von Unterrichtsmaterialien mitarbeiten. Da die Arbeit des Volksbundes zu etwa 90 Prozent aus Spenden und Sammlungen finanziert wird, nimmt die Unterstützung als Sammler und in der Mitgliederwerbung einen sehr wichtigen Rang ein. Der Volksbund erwartet von seinen Helfern, dass sie sich an seine Satzung halten und sich mit dem Leitwort identifizieren.

Fritz Kirchmeier, Volksbund Deutsche Kriegsgräberfürsorge e. V., Bundesgeschäftsstelle,
Werner-Hilpert-Str. 2, 34112 Kassel,
Telefon 05 61 / 70 09 -0, Fax 05 61 / 70 09 -2 11,
info@volksbund.de, www.volksbund.de

vielfältig: Sie machen Besorgungen, begleiten gehbehinderte Menschen oder Rollstuhlfahrer bei Spaziergängen, machen Beschäftigungsangebote.

Das Ehrenamt bildet bis heute den Kern der gesamten Hospizarbeit. Dem Engagement von Bürgern ist es zu verdanken, dass in den 1980er Jahren die ersten Hospizinitiativen in Deutschland entstanden. Ohne jeden gesetzlichen Auftrag und ohne finanziellen Rückhalt kümmerten sich Ehrenamtliche um Sterbenskranke. Aus dieser Bürgerbewegung heraus hat die Hospizidee heute Eingang gefunden in die ambulante Pflege, Altenheime, Krankenhäuser, stationäre Hospize sowie Palliativstationen. Bundesweit nehmen mehr als 85 000 Ehrenamtliche Aufgaben im Hospizwesen wahr: Dazu gehört eine psycho-soziale Begleitung der Sterbenden. Sie unterstützt alle Betroffenen bei der Bewältigung unerledigter Problem, umfasst den emotionalen Beistand und hilft bei der Auseinandersetzung mit dem bevorstehenden Tod. Zu den Aufgaben gehört auch eine spirituelle Begleitung, die sich öffnet, dem natürlichen Bedürfnis von Sterbenden, Fragen nach dem Sinn von Leben, Tod und Sterben und dem Danach zu stellen.

Ehrenamt beim Deutschen Roten Kreuz

Die sieben Grundsätze

Das Deutsche Rote Kreuz ist Teil der weltweiten Rotkreuz- und Rothalbmondbewegung. In Deutschland ist das DRK außerdem ein Spitzenverband der Freien Wohlfahrtspflege und trägt dazu bei, die Lebensbedingungen von alten und behinderten Menschen ebenso wie von Kindern, Jugendlichen und Familien zu verbessern. Das DRK ist aber auch Nationale Hilfsgesellschaft und beteiligt sich im Zivil- und Katastrophenschutz, im Sanitäts- und Rettungsdienst, der Erste-Hilfe-Ausbildung und der

Verbreitung des Humanitären Völkerrechts. Das Jugendrotkreuz (JRK) ist ein eigenständiger Jugendverband mit 100 000 engagierten Kindern und Jugendlichen. So breit, wie das Aufgabenspektrum des DRK ist, so vielfältig sind auch die Möglichkeiten, sich als Ehrenamtlicher zu betätigen: Sie versorgen und betreuen nach einem Unfall Verletzte; sie helfen, Großveranstaltungen wie etwa Fußballspiele abzusichern; sie unterstützen Kinder, die deutsche Sprache zu erlernen; sie besuchen alte oder kranke Menschen, schenken ihnen von ihrer Zeit und beugen so deren Vereinsamung vor. In der Berg- oder Wasserwacht retten sie Menschen aus kritischen Situationen und können zugleich im Naturschutz aktiv sein. Am besten, Sie wenden sich an Ihren örtlichen Ortsverein oder Kreisverband, erkundigen sich nach den konkreten Mitwirkungsmöglichkeiten oder bieten aktiv an, was Sie gerne im DRK tun möchten.

Was erwarten wir von den Ehrenamtlichen? Grundlage allen Handelns sind die sieben Rotkreuzgrundsätze: Menschlichkeit, Unparteilichkeit, Neutralität, Unabhängigkeit, Freiwilligkeit, Einheit und Universalität. Unsere Handlungsmaxime ist, die Würde und die Rechte des Menschen zu achten und zu schützen; dies erwarten wir von jedem, der sich bei uns engagiert. Wer im Roten Kreuz mitarbeitet, muss außerdem bereit sein, sich die notwendigen Kenntnisse und Fähigkeiten, die die ausgeübte ehrenamtliche Tätigkeit erfordert, anzueignen. Die entsprechenden Aus- und Fortbildungen bieten wir.

Christiane Kohne, DRK-Generalsekretariat,
Carstennstr. 58, D-12205 Berlin, Telefon 0 30 / 8 54 04 -0, Fax 0 30 / 8 54 04 -450, www.ehrenamt.drk-cms.de

Zuhören, Verständnis, Aufgefangen werden in einer Selbsthilfegruppe – ob es um Alkoholismus oder um die Midlifecrisis geht, das Gefühl, nicht allein damit zu stehen, ist manchmal wichtiger als ein guter Rat von Experten. Die Alkoholikergruppen sind die Keimzelle einer Idee, die sich in den vergangenen 30 Jahren zu einer anerkannten Massenbewegung entwickelte: Rund 100 000 Selbsthilfegruppen existieren laut Schätzungen heute in Deutschland. Drei Millionen Menschen nehmen regelmäßig an ihnen teil. Zahlreiche Ehrenamtliche leiten durch die Sitzungen, beraten und begleiten Menschen bei ihren Problemen. Das Themenspektrum ist weit gefächert: Von A wie „Adoptiv- und Pflegefamilien" bis Z wie „Zysten". Die meisten Selbsthilfegruppen widmen sich chronischen Erkrankungen, es folgen psychische Probleme und Suchterkrankungen. In Deutschland gibt es 280 Selbsthilfekontaktstellen.

Ehrenamt bei der Deutschen Krebshilfe e.V.

Sich für andere stark machen

Die Deutsche Krebshilfe wurde am 25. September 1974 von Dr. Mildred Scheel gegründet. Ziel der „Bürgerinitiative gegen den Krebs" ist es, die Krebskrankheiten in all ihren Erscheinungsformen zu bekämpfen – unter dem Motto „Helfen. Forschen. Informieren.". Die Deutsche Krebshilfe finanziert all ihre Aktivitäten ausschließlich aus freiwilligen Zuwendungen engagierter Bürger. Öffentliche Mittel stehen ihr nicht zur Verfügung. Neben den hauptamtlich in Bonn tätigen Mitarbeitern der Deutschen Krebshilfe arbeiten rund 80 ehrenamtliche Gremienmitglieder sowie etwa 400 ehrenamtliche Fachgutachter für die gemeinnützige Organisation. Darüber hinaus setzen sich viele tausend Aktivisten ehrenamtlich für die Deutsche Krebshilfe und ihre Tochterorganisation, die Deutsche KinderKrebshilfe, ein: Mit phantasievollen Spendenaktionen wie Basaren, Konzerten, Auktionen, Festen, Ausstellungen oder Sportveranstaltungen geben sie der Deutschen Krebshilfe eine wichtige finanzielle Basis. Sie helfen gleichzeitig aber auch dabei, die Botschaften der Deutschen Krebshilfe einem großen Publikum bekannt zu machen. Und sie sind nicht zuletzt lobenswerte Beispiele für Solidarität und Mitverantwortung: Sie zeigen Krebs-Patienten, dass sich Mitmenschen für sie stark machen.

Dr. med. Eva M. Kalbheim, Deutsche Krebshilfe e.V., Buschstr. 32, 53113 Bonn, Telefon 02 28 / 72 99 00, Fax 02 28 / 72 99 011, www.krebshilfe.de

In einer Dokumentation der Bundesarbeitsgemeinschaft der Seniorenorganisationen (BAGSO) heißt es zum sozialen Engagement: In einer hektischen Welt, in der Zeit ein knappes Gut ist, ist es umso wichtiger, dem anderen zuzuhören. Wo gesellschaftliche Teilhabe nicht mehr möglich ist, wird dem allein lebenden alten Menschen durch die Besuchsdienste vieler Verbände ein Stück Leben in die Wohnung gebracht.

„Füreinander da sein" ist auch das Ziel eines bundesweiten Modellprogramms vom Bundesministerium für Familie, Senioren, Frauen und Jugend. Für die Jahre 2005 bis 2008 sind rund 50 Projekte unter dem Titel „Generationsübergreifende Freiwilligendienste" ins Leben gerufen worden. Bei dieser neuen Form der Freiwilligendienste sollen besonders die Lebenserfahrungen und die besonderen Potentiale der älteren Generation gezielt genutzt werden. Zur Förderung eines neuen Miteinanders der Generationen und zur Stärkung einer Kultur der Freiwilligkeit sind in das Programm Vereine, Verbände, aber auch neuere Formen des bürgerschaftlichen

Konkrete Aufgaben vor Ort

430 000 Mitglieder, 100 000 Ehrenamtliche, 150 000
Beschäftigte in mehr als 13 000 Einrichtungen und
Servicediensten – das ist die Arbeiterwohlfahrt (AWO)
in Deutschland. Als demokratisch organisierter Verband
hat sie ein dichtes Netz von Gemeinschaften geknüpft.
Mit ihren rund 4 300 Ortsvereinen, Kreisverbänden,
Landes- und Bezirksverbänden ist sie ein politisch engagiertes Element in Städten und Kommunen. Die AWO
will über individuelle Hilfe und Fürsorge hinaus Öffentlichkeit und Beteiligung herstellen für die politischen
und sozialen Belange der Menschen. Ihre ehrenamtliche
Arbeit gibt Einblick in ein breites Spektrum von Lebens-
lagen, Interessen, Nöten und sozialen Bedürfnissen in
der Gesellschaft: Schwächere bei der Wahrnehmung
ihrer Interessen zu unterstützen, ihre Bürgerrechte zu
sichern und Integrationsprozesse in das Gemeinwesen
zu fördern, ist ein Anliegen der AWO. Dazu ist sie auf
Menschen angewiesen, die auf der Grundlage gemeinsa-
mer Werte freiwillig aktiv sein wollen. Das traditionelle
Leitbild des Helfens hat in der AWO ebenso seinen Platz
wie selbstbezogene Engagementmotive. Ehrenamtliche
Arbeit in der AWO bietet nicht nur die Wahrnehmung
einer bunten Vielfalt neuer Motive und Ideen, sondern
ebenso Zugang und Partizipation an Planungen und
Entscheidungen. Ehrenamtliche Betätigungsfelder in der
AWO liegen vor allem in den Ortsvereinen sowie in aktuellen Freiwilligenprojekten und Initiativen. Sie ermöglichen etwa die Mitwirkung als gewählte Mandatsträger,
die Übernahme von betreuenden Tätigkeiten, beispielsweise in Altentagesstätten oder sozialen Einrichtungen
und Diensten, die Organisation von Reisen und Gesellig-

keit, Mentorentätigkeiten für junge Menschen oder Musik- oder Zeichenkurse für Kinder sowie Besuchs- und Vorlesedienste für alte Menschen.

Ludwig Pott, Bundesverband AWO,
Oppelner Str. 130, 53119 Bonn, Telefon 02 28 / 66 85 -0,
Fax 02 28 / 66 85 -209, www.awo.org

Engagements eingebunden. Das Modellprogramm gibt es etwa in Kindergärten, Schulen, Stadtteilzentren, stationären Einrichtungen sowie Hospize, aber auch in örtlichen Sportvereinen, in Kinder- und Jugendfreizeiteinrichtungen. Die Einsatzdauer der Engagierten liegt bei drei bis 24 Monaten. Die wöchentliche Einsatzzeit von mindestens 15 Wochenstunden kann auch auf mehrere Freiwillige aufgeteilt werden. Das Modellprogramm wird vom Zentrum für zivilgesellschaftliche Entwicklung in Freiburg (ZZE) wissenschaftlich begleitet. ✱

Ehrenamt im Paritätischen Wohlfahrtsverband

Menschen ganzheitlich wahrnehmen

Ehrenamtliches Engagement in der Behinderten- und Gesundheitsselbsthilfe hat sich zu einer wichtigen Säule der Versorgung chronisch kranker und behinderter Menschen entwickelt. Menschen, die sich dort engagieren, unterstützen sich nicht nur gegenseitig bei der Bewältigung ihrer eigenen Probleme, sie übernehmen auch vielfältige Beratungsaufgaben für andere betroffene Menschen. Zugute kommt ihnen dabei ein häufig aus der eigenen Betroffenheit resultierendes Erfahrungswissen. Diese werden nicht nur von chronisch kranken und behinderten Menschen geschätzt, sondern auch von Angehörigen und professionellen Helferinnen und Helfern. Die ehrenamtlich engagierten „Selbsthilfe-Profis" sind anerkannte Partner der so genannten „Professionellen". Ihre Meinung ist gefragt – was sich auch in der Einbeziehung in Entscheidungsgremien des Gesundheitswesens widerspiegelt. Dies trägt häufig dazu bei, dass bessere Voraussetzungen für eine medizinische Rehabilitation geschaffen werden können. Unter dem Dach des Paritätischen Wohlfahrtsverbandes sind rund 120 bundesweit tätige Selbsthilfeorganisationen chronisch kranker und behinderter Menschen organisiert. Rund 3.000 weitere Selbsthilfegruppen, die auf regionaler oder lokaler Ebene aktiv sind, haben sich den Landesgruppen des DPWV angeschlossen. Wer sich dort engagiert, sollte offen sein für die zum Teil komplizierten Problemlagen, in denen sich Hilfe suchende Menschen befinden. Das Engagement in den Selbsthilfegruppen basiert auf partnerschaftlichem Vertrauen, Anteilnahme und persönlicher Zuwendung sowie gegenseitiger Akzeptanz und Toleranz. Es gilt, den von einer Behinderung oder Erkrankung betroffenen Menschen ganzheitlich wahrzunehmen. Freiwilliges bürgerliches Engagement im Bereich der Behinderten und Gesundheitsselbsthilfe lebt von der Perspektive, für eine gute Sache Verantwortung zu übernehmen – ein Engagement mit häufig beobachteten Nebenwirkungen: Es weckt die Bereitschaft, bisher Unterhinterfragtes kritischer zu sehen, Grenzen zu überwinden und nicht nur für sich selbst, sondern auch für andere etwas zu bewegen.

Klaus Heß, Paritätischer Wohlfahrtsverband, Gesamtverband e.V., Oranienburger Str. 13–14, 10178 Berlin, Telefon 0 30 / 2 46 36 -0, Fax 0 30 / 2 46 36 -110, www.paritaet.org

Senioren sind sportlich

Sportvereine sind in der Gesellschaft ein Netzwerk der kultur-, sozial- und gesundheitspolitischen Selbsthilfe. In 87 700 Vereinen sind bundesweit 26,8 Millionen Menschen aktiv – im Mutter-Kind-Turnen, als Leistungssportler in der Leichtathletik, im Schwimmen oder Turnen, als Mitglied in einer Seniorensportgruppe. Die Facetten eines Sportvereins sind weit gefächert und wie der Deutsche Olympische Sportbund (DOSB) formuliert, sind sie „Erlebniswelten mit ideellen Erfahrungen".

Zahlreiche Menschen arbeiten freiwillig und ohne Entlohnung im Sport mit. Laut Statistik sind es mehr als 2,7 Millionen Menschen in den Sportvereinen, die diesen Dienst für Gesundheit, Lebensfreude und geselliges Miteinander für die Mitglieder in Sportvereinen leisten. Die Ehrenamtlichen bekleiden unterschiedliche Funktionen: als Übungsleiter, als Vorstandsmitglied, Abteilungsleiter oder Sportwart, Turnassistent oder Trainer. Sportvereine sind Orte für das Zusammenspiel von Profis und Laien. Hier ist Raum für nichtberufliche und berufliche Karrieren. Viele Vereinigungen unterstützen neben der sportlichen- auch die persönliche Entwicklung von Jugendlichen. Die Hannoversche Sport-jugend sucht etwa regelmäßig Juristen, Landschaftsplaner, Marektingfachleute oder Finanz- und Betriebswirte, die ihre beruflichen Erfahrungen für den Jugendsport einsetzen möchten, indem sie beraten, Vorträge halten, Workshops organisieren.

Wegen der demographischen Entwicklung ist auch der Sport in besonderer Weise herausgefordert. Er kann dazu

Ehrenamt im Deutschen Turner-Bund

Ehrenamtliche Mitarbeit gefragt

Mit über 5,2 Millionen Mitgliedern in mehr als 20 000 Vereinen und Turnabteilungen ist der Deutsche Turner-Bund nach dem Fußballbund der zweitgrößte Sport-verband in Deutschland. Der Turner-Bund betreut unter dem Dach von „Turnen und Gymnastik" traditionell viele Fachgebiete: die olympischen Sportarten Geräte-turnen, Trampolinturnen, Rhythmische Sportgymnastik ebenso wie Rhönradturnen, Aerobic, Orientierungslauf sowie zahlreiche Turnspiele. Einen großen Schwerpunkt im Turner-Bund bildet das Kinderturnen als vielseiti-ges Bewegungsangebot und Lernfeld für Kinder vom Kleinkindalter bis zum Übergang in den Jugendbereich. Ebenfalls eine große Säule im Turnen stellt der Fitness- und Gesundheitssport dar: Gymnastik ist die Basis für fast alle modernen Trends im Gesundheitssport und der DTB liefert dazu die Inhalte für ein modernes Vereinsan-gebot, insbesondere für Frauen und auch die ältere Ge-neration. Die Betonung des sozialen Aspektes im Sport unterscheidet dabei die Philosophie des Vereins von den kommerziellen Fitness- und Gesundheitssportanbietern.

Ehrenamtliche Mitarbeit ist im Turner-Bund auf vielen Ebenen möglich und gefragt: im örtlichen Turnverein als Helfer, Übungsleiter oder Führungskraft, auf der regionalen Ebene der Turngaue bzw. Turnkreise in der Organisation und natürlich auf Landes- und Bundesebene. Mit beruflich erfahrenen Mitarbeiterinnen und Mitarbeitern gewinnt das Ehrenamt im Turner-Bund ein qualifiziertes Profil und ermöglicht andererseits vielfältige persönliche Kontakte. Machen Sie mit!

Dieter Donnermeyer, Deutscher Turner-Bund, Otto-Fleck-Schneise 8, 60528 Frankfurt/Main, Telefon 0 69 / 678 010, Fax 0 69 / 678 01 179, hotline@dtb-online.de, www.dtb-online.de

beitragen, den Gesundheitswert und den Sozialwert der gewonnenen Lebensjahre entscheidend zu verbessern. Längst haben Sportwissenschaft, Medizin und Gerontologie den wissenschaftlichen Nachweis geführt, welche positiven Wirkungen regelmäßige und angemessene Bewegungs- und Sportaktivitäten auf ältere Menschen ausüben. In den vergangenen Jahren hat sich der Sport in Deutschland im Bereich der Seniorenarbeit erheblich verändert. Mehr als zwei Millionen Menschen über 60 Jahre nutzen regelmäßig die Angebote von Bewegung, Spiel und Sport der örtlichen Vereine. Körperliche, geistige sowie soziale Aktivität seien Voraussetzungen für ein erfolgreiches Altwerden. „Und Sportvereine tragen durch Bewegung, Spiel und Sport für Seniorinnen und Senioren und geselliges Beisammensein dazu bei", heißt es beim DOSB. Studien zeigen, dass Sport und Bewegung zu einem psychischen und gesundheitlichen Wohlbefinden, zu größerer Zufriedenheit und zu einem positiveren Selbstbild beitragen. „Fragt man ältere Menschen nach ihren Wünschen für die Zukunft, so stehen Gesund-

„Danke – Sport braucht dein Ehrenamt"

Eine lebendige Gesellschaft braucht engagierte Bürger. Sie geben Impulse, stärken den Zusammenhalt und helfen mit, wo Staat und Institutionen überfordert sind. Jeder Einsatz ist ein Zeichen für Solidarität und Selbstverantwortung. So bringen Ehrenamtliche Gemeinnutz und Eigennutz auf einen Nenner: Wer im Dienste anderer handelt, leistet sich selbst einen guten Dienst, denn Engagement macht Lust aufs Leben – und befriedigt sie. Ohne den Einsatz der Ehrenamtlichen wären wir ärmer. Es ist keine Frage, dass ihnen unser aller Dank und Anerkennung gebührt. Aber schöne Worte reichen nicht. Um die wachsenden Herausforderungen zu meistern, brauchen die Verantwortlichen in den (Sport-) Vereinen praktische Unterstützung. Dazu tragen DOSB und Commerzbank seit 2001 mit der gemeinsam betriebenen Initiative „Danke! Sport braucht dein Ehrenamt." bei: Durch das Internet-Portal ehrenamt-im-sport.de, das Verantwortlichen in (Sport-)Vereinen mit breit gefächertem Instrumentarium hilft, die täglichen Aufgaben zu bewältigen und die langfristigen Ziele der Vereinsentwicklung zu verwirklichen. Durch das jährliche Danke-Paket an 30 000 Vereinsvorstände, das Materialien zu wechselnden Schwerpunktthemen enthält. Und nicht zuletzt durch den Förderpreis „Pro Ehrenamt", der dafür wirbt, dass Wirtschaft, Politik und Medien die Engagierten noch engagierter unterstützen. Im Mittelpunkt der Initiative von DOSB und Commerzbank steht das Ehrenamts-Portal, das sich zu einem zentralen Service-Pool für die Führungskräfte der Sportvereine entwickelt hat. Beiträge zum Vereins- und Freiwilligen-Management, mehr als 200 Checklisten, ein Programm für die online durchführbare Vereinsanalyse samt Handlungsempfehlungen, Buchtipps und Seminartermine. Einen neuen Schwerpunkt bildet die Schriftenreihe „Keine Zukunft ohne Ziele – Kein Fortschritt ohne Fortbildung", denn systematische Qualifizierung ist einer der Garanten für den Erfolg der Vereine.

Markus Böcker, Deutscher Olympischer Sportbund, Haus des deutschen Sports, Otto-Fleck-Schneise 12, 60528 Frankfurt am Main, Telefon o 69 / 67 oo o, Fax o 69 / 67 49 06, office@dosb.de, www.dsb.de

heit und subjektives Wohlbefinden an erster Stelle. Der Bedarf an Angeboten für eine gesundheitsfördernde Gestaltung der gewonnenen Lebenszeit steigt", sagt Ursula Lenz von der Bundesarbeitsgemeinschaft der Senioren-Organisationen BAGSO. Die beiden großen Verbände, deren Thema das „bewegte Altern" ist, der Deutsche Olympische Sportbund und der Deutsche Turner-Bund, haben ihre Angebote für die Zielgruppe „50 plus" erheblich ausgeweitet und bieten nicht nur Bewegungsangebote für die noch „fitten" Älteren, sondern auch für Hochaltrige.

Die Bereitschaft der Älteren, aktiv etwas für sich und ihre geistige Leistungsfähigkeit zu tun, hat in den vergangenen Jahren zugenommen. „Dies zeigt eine enorme Nachfrage etwa nach Trainings, wie sie die Gesellschaft für Gehirntraining, der Bundesverband Gedächtnistraining und die Memory-Liga anbieten", erläutert Ursula Lenz von der (BAGSO).

Trotzdem ist nicht alles Gold, was glänzt: Auch Sportvereine haben trotz hoher Mitgliederzahlen Probleme, ehrenamtliche Positionen zu besetzen. Grund: An die Vorstände wie auch in anderen Bereichen werden immer höhere Ansprüche gestellt. Nach wie vor sind Frauen in Sportvereinen unterrepräsentiert, ihre Bewegungsaktivitäten finden laut einer Studie außerhalb von Sportvereinen statt.

Ein besonderes ehrenamtliches Engagement stellt der generationsübergreifende Freiwilligendienst (GÜF) im Sport dar. Der GÜF ist eines von rund 50 vom Bundesministerium für Familie, Senioren, Frauen und Jugend (BMFSFJ) geförderten Modellprojekten. Das Aufgabengebiet der Freiwilligen liegt vor allem im Kinder- und Jugendsportbereich. Neben der Motivation sich im Sport zu engagieren, ist die Freude am Umgang mit Kindern und Jugendlichen eine wichtige Voraussetzung. Freiwillige aller Altersstufen können sich für die Dauer von drei bis 24 Monaten verpflichten, einen generationsübergreifenden Freiwilligendienst im örtlichen Sportverein, in Stadt- und Kreissportbünden, in Kinder- und Jugendfreizeiteinrichtungen oder in Sportbildungsstätten zu übernehmen. ✱

Senioren pflegen Kultur

Die Landschaft der Kultureinrichtungen in Deutschland ist vielfältig: Da gibt es traditionelle musikalische Gesellschaften, dazu gehören aber auch plattdeutsche Theatergruppen, Kunstvereine oder soziokulturelle Zentren. Die meisten der kulturellen oder künstlerischen Einrichtungen und Angebote sind anfangs vor allem durch bürgerschaftliches Engagement ins Leben gerufen worden. Aber auch die von Städten und Kommunen getragenen Kultureinrichtungen werden heute längst durch Ehrenamtliche unterstützt oder gar betrieben: Heimatmuseen oder gemeinnützige Galerien können nur durch den Einsatz von Freiwilligen am Leben gehalten werden.

Mehr als zwei Millionen Menschen engagieren sich laut Freiwilligensurvey im Kultursektor. In Museen etwa arbeiten Freiwillige als Aufsichts- oder Verkaufspersonal, bringen in so manches Archiv Ordnung, füttern die Museumsdatenbank mit Adressen und Statistiken. Das geschieht allerdings nicht immer reibungslos. Kommunikations- und

Koordinierungsprobleme zwischen Hauptamtlichen und Ehrenamtlichen werden in Umfragen besonders häufig für Kultureinrichtungen genannt. Denn oft sind die Erwartungen unterschiedlich: Manche Hauptamtliche wünschen sich günstige Arbeitskräfte für Routinearbeiten, viele Ehrenamtliche hingegen interessieren sich für kulturell ansprechende Aufgaben.

Zu solchen anspruchsvollen Aufgaben kann etwa gehören, dass Freiwillige aus einer historischen Einwohnermeldekartei Daten von Zwangsarbeitern heraussuchen. Für diese Arbeit hat das Stadtarchiv Hannover Freiwillige gesucht, um Anfragen ehemaliger Zwangsarbeiter nach Zeugnissen

Ehrenamt im Kunst- und Gewerbemuseum

Alles machen und das gerne

Das 1877 eröffnete Museum für Kunst und Gewerbe Hamburg zählt zu Europas führenden Häusern für Kulturgeschichte, Kunsthandwerk, Design und Fotografie. Seine Sammlungen erstrecken sich von der Antike bis zur Gegenwart und umfassen den europäischen wie den islamischen und fernöstlichen Kulturraum. Ohne ehrenamtliche Mitarbeiter wäre das Museum entscheidend ärmer und könnte seine Außenwirkung nicht so entfalten, wie es das tut. Rund 300 Frauen und Männer sind in ganz unterschiedlichen Bereichen tage- und wochenweise im Einsatz. So wird unser Infostand und die zentrale Telefonanlaufstelle von mehr als 30 ehrenamtlichen Mitarbeitern betreut. Rund 60 Freiwillige sind in der Gerd Bucerius Bibliothek mit Aufsicht, Ausleihe, Erfüllung von Publikumswünschen, persönlicher und telefonischer Auskunft tätig. Fast jeder Abteilungsleiter hat eine enge Schar von helfenden Anhängern um sich. Das geht vom Vitrinenputzen, Ablage, Korrespondenz,

Hilfsleistungen bis hin zu Recherchen und Vertretungen im Krankheitsfall oder sogar Mitautorenschaft an Katalogen. Es gibt auch einzelne Stifter, die das eine oder andere Objekt für das Museum erwerben! Man kann sagen, unsere Ehrenamtlichen machen eigentlich alles und alles gerne! Und das ohne Honorierung und Fahrgeld. Sie lieben uns einfach und dafür lieben wir sie. Wir haben ein herzliches Verhältnis zu allen. Als „Dankeschön" macht der Vorstand einmal im Jahr einen Betriebsausflug mit den Ehrenamtlichen.

Margit Tabel-Gerster, Museum für Kunst und Gewerbe, Steintorplatz, 20099 Hamburg, Telefon 0 40 / 42 81 34 27 32, www.mkg-hamburg.de

ihrer Arbeit bearbeiten zu können. In Stadtbibliotheken zum Beispiel werden Ehrenamtliche für Vorlese-, Mal-, Spiel- und Bastelstunden gesucht, aber auch zum Einsortieren von Büchern.

Das Erleben von Gemeinschaft im Kulturbetrieb ist gerade in einer Gesellschaft, in der viele ältere Menschen alleine leben, besonders wichtig. Dem Bedürfnis vieler Menschen nach Geselligkeit, nach Kommunikation und dem gemeinsamen Erleben und Genießen von Kultur, tragen die Verbände durch ein erstaunlich breites Angebot Rechnung. Unter dem Dachverband Altenkultur e.V. sind viele Organisationen im Kulturbereich zusammengefasst. Spartenübergreifend angelegt, berücksichtigt der Verband künstlerische wie soziale Aspekte. Der Verband will als Interessenvertreter älterer und alter Menschen Mittler sein im Miteinander der Generationen, will Kommunikation fördern und Menschen ihre kreativen Möglichkeiten bewusst machen. „Ältere und alte Menschen haben durch Tanzen, Singen, Musizieren, Malen, Fotografieren, Theater spielen, Schreiben und Erzählen sich und den jüngeren Generationen etwas mitzuteilen, das authentisch, unterhaltsam, informativ, provozierend, lehrreich, überraschend und bereichernd ist. Durch künstlerisch-kulturelles Tun entsteht ein Dialog zwischen Alt und Jung und grenzüberschreitend auch zwischen Völkern und Nationen", heißt es im Porträt des Dachverbandes Altenkultur.

Der Dachverband organisiert Fachtagungen, Festivals, Fort- und Weiterbildungsangebote in den Bereichen Theater, Tanz und Bewegung, Musik und Gesang, Erzählen und Schreiben, bildnerisches Gestalten sowie Arbeit mit neuen Medien. ✽

Senioren leben Kirche

Ohne Ehrenamt läuft in beiden großen Kirchen Deutschlands nichts. Allein beim katholischen Hilfswerk „Caritas" sind knapp 500 000 Menschen ehrenamtlich tätig. Dazu kommen die Katholiken, die in der Gemeinde vor Ort im Bereich Jugend- und Altenarbeit, in den Gottes- und Besuchsdiensten aktiv sind. Außerdem sind mehr als 100 000 Menschen in Pfarrgemeinderäten, Verwaltungsräten und Diözesanräten aktiv. Damit setzen jeden Tag die Ehrenamtlichen das um, was das Zweite Vatikanische Konzil (1962–1965) unter dem gemeinsamen „Priestertum aller Gläubigen" versteht. Der Konzilstext „Lumen gentium" spricht davon, dass jeder Gläubige „auf besondere Weise am Priestertum Christi teilnimmt". Diese Möglichkeiten, wie sich jeder in der Kirche einbringt, haben an Vielfalt in den vergangenen Jahren zugenommen. Denn auch in der Kirche verändert sich die Form des Ehrenamtes. Statt langfristiges, zeitintensives Engagement gibt es auch in der Kirche verstärkt ein auf kurzfristige Projektarbeit ausgerichtetes Ehrenamt.

Menschen, die ihre begrenzte Zeit für soziale Tätigkeiten zur Verfügung stellen wollen, erhalten bei der Caritas um-

Mit Verstand, Herz und Seele Verantwortung tragen

Evangelische Kirche lebt davon, dass sich in ihr Menschen ehrenamtlich in leitenden Funktionen engagieren. Eine Säule dieses ehrenamtlichen Engagements ist die Kirchenvorstandsarbeit. Hier übernehmen Ehrenamtliche ein hohes Maß an Verantwortung. Die Arbeit im Kirchenvorstand zeichnet sich vor allem dadurch aus, dass Ehrenamtliche und Hauptamtliche gemeinsam Verantwortung übernehmen. Dies ist in der Kirchenverfassung und in den Kirchengesetzen so beschrieben. Der Kirchenvorstand lenkt die Geschicke der Gemeinde in vielfältiger Art und Weise. Darin zeigt sich auch das gelebte „Priestertum aller Gläubigen". Konkret wird das in den Arbeitsfeldern, für die der Kirchenvorstand zuständig ist: Gestaltung und Festlegung des gottesdienstlichen Lebens, Begleitung und Unterstützung der Arbeit von ehrenamtlichen Mitarbeitern und Mitarbeiterinnen in der Kirchengemeinde, Anstellung und Begleitung des Dienstes von beruflichen Mitarbeitern und Mitarbeiterinnen, den Einsatz der zur Verfügung stehenden Finanzen, Unterhaltung von Gebäuden und vieles andere mehr. Ehrenamtliche können an vielen Stellen der Kirchenvorstandsarbeit ihre Erfahrungen und Qualifikationen einbringen. Besonders schön macht dieses Ehrenamt, dass für die vielfältigen Aufgaben der Verstand, aber auch Herz und Seele gefragt sind.

Henning Schlüse, Albert Wieblitz, Perdita Wünsch, Haus kirchlicher Dienste der ev.-luth. Landeskirche Hannovers, Arbeitsstelle Ehrenamt und Gemeindeleitung, Archivstr. 3, 30169 Hannover, Telefon 05 11 / 12 41 -5 45, Fax 0511 / 12 41 -4 99, info@kirchliche-dienste

fangreiche Informationen und Betreuung in den so genannten Freiwilligen-Zentren. Mögliche ehrenamtliche Aufgaben werden ebenso vermittelt wie Fortbildungsmaßnahmen und Beratung für Ehrenamtliche. Mittlerweile gibt es in Deutschland 40 Freiwilligen-Zentren der Caritas.

In den 23 Gliedkirchen der Evangelischen Kirche in Deutschland (EKD) sind mehr als eine Million Menschen ehrenamtlich aktiv. Laut einer aktuellen Kirchenmitgliedschaftsuntersuchung der evangelischen Kirche sind die Motive fürs Engagement: „Anderen Menschen helfen", „Praktische Nächstenliebe üben", „etwas Nützliches für das Allgemeinwohl tun", „meine Fähigkeiten einbringen und weiterentwickeln" sowie „Spaß haben". Glieder eines Körpers, Funktionen eines Leibes – das ist der häufigste Vergleich im Neuen Testament für das Zusammenwirken der Frauen und Männer in den christlichen Gemeinden. Kein Glied, kein Organ kann das andere ersetzen.

Für die evangelische Kirche gilt ein wichtiger Grundsatz fürs Ehrenamt, der in der Barmer Theologischen Erklärung (1934) zu finden ist: „Die verschiedenen Ämter in der Kirche begründen keine Herrschaft der einen über die anderen, sondern die Ausübung des der ganzen Gemeinde anvertrauten und befohlenen Dienstes." Die unterschiedlichen Gaben, die einzelnen Christen gegeben sind, stehen nicht in Konkurrenz zueinander, sondern ergänzen und bereichern sich gegenseitig. Ob als Lektorin in einem Gottesdienst, als Kirchenvorsteher einer Gemeinde, als Helfer eines Adventsbasars oder als Betreuerin in einem evangelischen Kindergarten – das Spektrum kirchlicher Seniorenarbeit ist breit. Fürsorge und Betreuung für Alte in christlichen Gemeinden haben eine lange Tradition. Neu ist aber, dass in beiden Kirchen die Seniorenarbeit konzeptionell ausgerichtet und zum Teil überregional abgestimmt wird.

Als eines der größten und modernsten Netzwerke der Hilfe bietet die Diakonie der Evangelischen Kirche in Deutschland

Zwischen Sinnfindung und Ausbeutung

Herr H.: „Ich bin mit 57 Jahre und nach mehr als 30 Jahren Zugehörigkeit zum Betrieb entlassen worden. Das Geld ist zwar weniger geworden, aber das ist nicht das Hauptproblem. Ich habe mich in die Arbeit reingehängt. Kleinere Hobbys habe ich. Aber das kann doch nicht alles sein. Ich möchte noch etwas Sinnvolles tun."

Frau M.: „Nach 43 Ehejahren ist mein Mann vor fünf Monaten verstorben. Ich habe ihn bis zum Schluss gepflegt. Ich spüre immer noch das große Loch und suche nach einer Beschäftigung, die ich tun kann. Ich möchte die Erfahrung, die ich gemacht habe, für andere nutzbar machen."

Fast wörtliche Äußerungen von zwei Menschen, die ich in meiner Arbeit als Alten- und Hospizseelsorger in den vergangenen Wochen gehört habe. Sich ehrenamtlich zu engagieren, hat viele Anlässe und Zugänge. Nicht selten beginnt gerade nach Ereignissen, die die eigene Lebensplanung verändern, die Suche nach einer sinnvollen Betätigung. „Ich möchte mich engagieren." – Nur selten nehmen Kirchengemeinden diese Anfragen auf und bieten diesen suchenden Menschen entsprechend ihrem Anliegen und den Fähigkeiten eine Entfaltungsmöglichkeit. Ein Verweis auf bestehende Gruppen ist oft die einzige Antwort. In den oben geschilderten Situationen suchten Herr H. und Frau M. jedoch zunächst ein Ohr, das ihr Anliegen aufnahm. Nicht selten sind Ehrenamtliche in diesem Stadium noch nicht so weit, ihre genauen Wünsche und Ziele zu benennen. Um Menschen wie Frau M. und Herrn H. für die eigenen Arbeit zu gewinnen, sind Gespräche notwendig. Nimmt man sich die Zeit, wird man im Gespräch etwas von dem erfahren, weshalb man sich einbringen will. Dann kann es gelingen, für einen bestimmten Zeitraum von der Kompetenz und der Lebenserfahrung dieser Menschen zu profitieren.

Frau M. und Herr H. suchten in der Hospizarbeit ein ehrenamtliches Engagement. Herr H. konnte seine berufliche Kompetenz in die Planung einer Benefizveranstaltung des Hospizvereins einbringen. Die viele anfallende konkrete Arbeit erforderte die berufliche Kenntnis und Erfahrung des Ehrenamtlichen und war für den Verein eine große Hilfe. Die notwendigen Gespräche mit den Verantwortlichen des Vereins haben Herrn H. langsam in den Hospizverein integriert. Und er hatte das Gefühl, der richtige Mann an der richtigen Stelle zu sein.

Im zweiten Fall ist in der offenen Hospizsprechstunde eine Anbindung an den Hospizverein gelungen. Hier kann die Frau immer wieder über ihre Trauer sprechen. Über Gesprächsabende und die Übernahme kleinerer Aufgaben wächst diese Frau langsam in die Arbeit hinein. Ob sie im nächsten Jahr einen Kursus zur Begleitung Schwerkranker macht, bleibt offen. Sie wirkt bereits bei Veranstaltungen oder am Hospizstand mit.

Ehrenamt ist ein Engagement auf Zeit, das einem persönlich, dem Auftraggeber und dem Nutzer hilft.

Ulrich Domdey, u.a. Beauftragter für Hospiz und Altenarbeit im Bistum Hildesheim, Bischöfliches Generalvikariat, Domhof 18–21, 31134 Hildesheim, Telefon 0 51 21 / 30 70, Fax 0 51 21 / 3 07 -4 88, info@bistum-hildesheim.de

eine Vielzahl an attraktiven und vielfältigen Tätigkeitsfeldern für Frauen und Männer jeden Lebensalters. Qualifizierte hauptamtliche Fachkräfte in Einrichtungen und Diensten beraten und begleiten die Ehrenamtlichen, aber auch in

Selbsthilfegruppen und Initiativen gibt es Möglichkeiten, etwas mit anderen für andere zu bewirken. Rund 400 000 ehrenamtliche Kräfte wirken bundesweit in verschiedensten Arbeitsbereichen in diakonischen Einrichtungen und Diensten. Mögliche Einsatzgebiete innerhalb der Diakonie sind etwa Altenhilfe, Besuchsdienste, Seniorenorganisationen mit Selbsthilfecharakter, Behinderten- und Nachbarschaftshilfe. In den vergangenen Jahren hat das Engagement im Hospizwesen großen Anklang gefunden. Wenn Sie sich für eine ehrenamtliche Tätigkeit im Netzwerk der Diakonie interessieren, wenden Sie sich an das Diakonische Werk Ihrer Landeskirche.

Ehrenamt in der Kirche bietet also eine Fülle an Möglichkeiten. Dabei ist das breite Angebot und die große Zahl an Menschen, die sich in der Kirche ehrenamtlich engagieren, kein Zufall. Denn der 2. Freiwilligensurvey hat ergeben, dass sich inzwischen mehr Senioren im „religiös-kirchlichen" Bereich engagieren als im Sport.

Die evangelischen Landeskirchen haben in Leitlinien oder Kirchengesetzen die Rechte und Aufgaben von Ehrenamtlichen geregelt. Dort ist etwa festgelegt: Ehrenamtliche haben ein Recht auf gute Fortbildung, sie sollen in ihrer Arbeit unterstützt und begleitet werden. Die Richtlinien enthalten auch Regeln für die Zusammenarbeit von Haupt- und Ehrenamtlichen. ✱

Senioren sind politisch

Sich einmischen, auf notwendige Veränderungen in der Altenarbeit aufmerksam machen, eigene Interessen, Bedürfnisse und Vorstellungen vor Sozialausschüssen vertreten – und das als Senior. In Deutschland existieren in mehr als 700 Kommunen Seniorenbeiräte oder -vertretungen. Rund 8 500 aktive Ehrenamtliche sowie rund 500 ehrenamtliche Seniorenvertreter auf Länder- und Bundesebene setzen sich für die politischen Interessen Älterer ein. Die Seniorenbeiräte sind in der Regel parteipolitisch neutral, konfessionell ungebunden und verbandsunabhängig. Sie dienen als Sprachrohr der älteren Generation in Zusammenarbeit mit allen Institutionen, Verbänden und Gruppen, die sich mit Altenarbeit und deren Problemen befassen.

Auf kommunaler Ebene bieten die ehrenamtlichen Mitarbeiter Rat und Hilfe bei allen Fragen an, die Senioren betreffen: Betreuungsrecht, Pflegeversicherung oder Wohnraumanpassungsverfahren. Für die Ehrenamtlichen bedeutet politische Arbeit, dass sie Kenntnis über Interessen der Älteren haben. Daher sind Sachkompetenz, Initiative sowie oftmals eine erhebliche Portion Ausdauer und Durchset-

zungsvermögen wichtige Voraussetzungen. Auch parteipolitisch engagieren sich viele Senioren: Politische Ämter
sind oftmals klassische Ehrenämter. In den Gemeinderäten,
Stadtparlamenten und Landkreisen engagieren sich Ehrenamtliche als Bürgermeister, Beigeordnete, Ortsvorsteher
oder Kreistagsmitglied. So gibt es mehr als 200 000 Gemein-
deräte. Mit einem Mandat im Orts-, Bezirks- oder Stadtrat
entscheiden die ehrenamtlichen Politiker über die Belange
in der Kommune oder im Stadtteil mit. Wenn andere Feier-

Ehrenamt im Seniorenbüro

Seniorenbüros bieten Beratung und arbeiten politisch

Mit der Etablierung einzelner Seniorenbüros Anfang
der 90er Jahre des vergangenen Jahrhunderts wurde
ein neues Modell geschaffen, das die Möglichkeiten
zur Selbstorganisation und Selbsthilfe älterer Menschen
stärkt und ihnen Gelegenheiten zur gesellschaftlichen
Teilhabe eröffnet. In den Folgejahren haben sich mehr
als 170 Seniorenbüros – über ganz Deutschland verteilt – gebildet.
Seniorenbüros setzen an den Kompetenzen älterer
Menschen an. Sie ermöglichen ihnen die aktive Teilhabe
und Mitsprache in Tätigkeitsfeldern des bürgerschaftlichen Engagements.
Darüber hinaus vernetzen Seniorenbüros Menschen, die
ihr Wissen, ihre Erfahrungen oder ihre Schaffenskraft
einbringen möchten, mit Verbänden, Initiativen, Vereinen oder einzelnen kleineren Projekten.
Die individuelle Beratung der engagierten älteren Menschen steht dabei an erster Stelle, denn der Wunsch
nach einer Tätigkeit, die den persönlichen Neigungen

und Vorstellungen entgegenkommt ist von zentraler Bedeutung. Es geht den Aktiven nicht darum, irgendetwas zu tun, sondern: Wer sich in seiner Freizeit engagiert, möchte an seiner neuen Beschäftigung Freude haben. Seniorenbüros sind auch Orte der Begegnung für ältere Menschen, d.h. Treffpunkte für gesellige und freizeitbezogene Aktivitäten.

Die Bundesarbeitsgemeinschaft Seniorenbüros (BaS), ein Zusammenschluss der Träger von Seniorenbüros, fördert mit seiner Lobby- und Öffentlichkeitsarbeit das freiwillige Engagement der Älteren im Rahmen dieser Seniorenbüros. Sie vertritt auch die Senioren im Rahmen der politischen Meinungsbildung wie etwa beim „Forum Demografischer Wandel" des Bundespräsidenten.

Giselher Achenbach, Vorstandsvorsitzender der Bundesarbeitsgemeinschaft Seniorenbüros e.V., Graurheindorfer Str. 79, 53111 Bonn, Telefon 02 28 / 61 40 -74 und -78, Fax 02 28 / 61 40 60, bas@seniorenbueros.org, www.seniorenbueros.org

abend machen, sind die Ehrenamtlichen der Parteien – ob CDU, SPD, Grüne, FDP oder Die Linke.PDS – im Wahlkreis, in der Stadt oder im Rathaus unterwegs. Ratsmitglieder nehmen in ihrer Freizeit an Rats- und Ausschusssitzungen, an Beiräten und Kommissionen sowie Fraktionssitzungen teil, führen Gespräche mit Bürgerinnen und Bürgern, diskutieren mit Vereinsvertretern. Alle diese Termine müssen zu Hause vorbereitet werden. Dennoch lassen sich Ehrenamtliche von dem hohen Zeitaufwand nicht abschrecken. Allein in der SPD reicht die Zahl der ehrenamtlichen Funktions- und Mandatsträger in den sechsstelligen Bereich hinein.

In den 1990er Jahren haben die Parteien in Deutschland die Seniorenarbeit für sich entdeckt. Alle großen Parteien

– ob Christ- oder Sozialdemokraten, Liberale oder Grüne – haben eigene Seniorenorganisationen, in denen Ältere sich engagieren können. Dabei geht es um die Einflussnahme auf die politische Willensbildung der Partei, um Kooperation mit Verbänden, Organisationen und Initiativen der Älteren, um das Bewusstmachen der Belange Älterer in der Öffentlichkeit wie etwa soziale Sicherheit oder um die Förderung der Chancengleichheit zwischen den Generationen.

Darüber hinaus setzen sich viele Seniorenverbände vom Deutschen Seniorenring bis hin zum Sozialverband Deutschland für die Belange älterer Menschen politisch ein. Rund 90 Verbände mit mehr als zwölf Millionen Mitgliedern sind dem Dachverband „Bundesarbeitsgemeinschaft der Seniorenorganisationen" (BAGSO) angeschlossen. Eine dieser Organisationen ist die Bundesarbeitsgemeinschaft der Seniorenbüros (BaS). Mehr als 170 Seniorenbüros gibt es flächendeckend in Städten und Kommunen. Sie bieten eine ganze Reihe an Informationen und Beratungsmöglichkeiten fürs Ehrenamt. Gerade die Arbeit der Seniorenbüros und Freiwilligenagenturen leistet einen großen Beitrag zur Förderung des Ehrenamts sowie der Selbsthilfe von Senioren. Für viele ältere Menschen sind vor allem die Seniorenbüros zu einer wichtigen Anlaufstelle für Engagementberatung geworden. ✽

Ehrenamt in der Partei

Sich in die Debatte einbringen

BÜNDNIS 90/DIE GRÜNEN brauchen unsere ehrenamtlichen Mitglieder wie die Luft zum Atmen. Ihr Engagement, ihre Kreativität, ihre Ideen und ihr Wissens- und Erfahrungsschatz sind unverzichtbar für uns. Sie sind die wichtigsten Multiplikatoren unserer Inhalte und Themen und leisten die entscheidende Arbeit vor Ort.

Wir bieten unseren Mitgliedern Raum und Wertschätzung für politisches Engagement. In dieser Partei können sich Mitglieder leicht in die programmatische Debatte einbringen. So haben zum Beispiel alle Mitglieder Rede- und Antragsrecht auf unseren Parteitagen. Unsere Mitglieder erhalten bei den GRÜNEN aber auch Unterstützung für ihre ganz konkreten inhaltlichen Anliegen: der Bau einer Solaranlage, bessere Kinderbetreuung, die Schaffung einer gentechnikfreien Region. Nicht zuletzt bieten wir unseren Mitgliedern eine politische Heimat und ein Netzwerk, in dem sie Freunde und politische Unterstützer finden.

Obwohl wir mit unseren 26 Jahren eine sehr junge Partei sind, werden Menschen ab 50 Jahren für uns immer wichtiger. Deshalb haben wir unter anderem 2004 die „Grünen Alten" gegründet. Sie vertreten die Interessen älterer Menschen in der Partei und wollen ihre die besonderen Qualitäten und ihre große Lebenserfahrung für GRÜNE Politik nutzbar machen.

Steffi Lemke, politische Bundesgeschäftsführerin von BÜNDNIS 90/DIE GRÜNEN,
Platz vor dem Neuen Tor 1, 10115 Berlin, Postanschrift: Postfach 040609, 10063 Berlin, Telefon 0 30 / 28 44 20, Fax 0 30 / 28 44 22 10, info@gruene.de

Senioren schenken Wissen

Bei der Weitergabe von Kompetenzen und Erfahrungswissen handelt es sich um einen Arbeitsschwerpunkt, der erstmals in den Vereinsgründungen der achtziger Jahre zu verzeichnen ist, heißt es in einer Dokumentation über Verbände der BAGSO. Mit den Verbandsaktivitäten wird das Anliegen Älterer aufgegriffen, sich für Jüngere zu engagieren und ihnen die im Leben erworbenen Kenntnisse zu vermitteln – ob Schülern, Auszubildenden oder jungen Existenzgründern. Das Erfahrungswissen Älterer soll nicht brachliegen. Mit dem Modellprogramm „Erfahrungswissen für Initiativen – EFI" hat das Bundesministerium für Familie, Senioren, Frauen und Jugend 2002 darauf reagiert: Mit Hilfe von Seniorenbüros, Freiwilligenagenturen und Selbsthilfekontaktstellen werden neue Verantwortungsrollen für Ältere unter der Bezeichnung Seniortrainer erprobt. Überörtliche Bildungsträger übernehmen die Fortbildungsveranstaltungen. Das Institut für Sozialwissenschaftliche Analysen und Beratung in Köln (ISAB), die Hochschule Neubrandenburg sowie das Institut für Sozialforschung und Gesellschaftspolitik (ISG) in Köln sind mit der wissenschaftlichen Begleitung des Modellprogramms beauftragt. In den vergangenen vier Jahren haben sich bereits 1 000 Senioren im Alter von 55 bis 75 Jahren im EFI-Programm ausbilden lassen. „Diese Generation verfügt nach der Berufs- und Familienphase über einen großen Schatz an Erfahrungswissen und Zeit. Dieses Potenzial gilt es, für die Gesellschaft nutzbar zu machen", sagt Hermann Kues, parlamentarischer Staatssekretär im Bundesfamilienministerium für Familie, Senioren, Frau und Jugend. Das Förderprogramm läuft zwar Anfang 2007 aus, doch in zehn Bundesländern wie etwa Niedersachsen wird das Projekt durch 50 Kommunen eigenständig weitergeführt.

Eine andere, sehr erfolgreiche Initiative ist ein Mentorenprojekt aus Hannover. Mehr als 450 Ehrenamtliche in der Region Hannover kümmern sich in mehr als 120 Schulen um leseschwache und sozial benachteiligte Kinder. Die Lesehelfer – oder Mentoren – unterstützen Kinder, die durch schlechtes Deutsch auffallen. Dafür treffen sie sich ein- bis zweimal pro Woche mit einem Kind zur gemeinsamen Sprach- und Schreibarbeit. Im Mittelpunkt steht der Spaß am Lesen. Initiiert wurde das Projekt von Buchhändler Otto Stender, breite Unterstützung erfährt es vom Freiwilligenzentrum Hannover. Seit der Gründung im Jahr 2003 wächst die Zahl der Mentoren im Verein „Leselernhelfer". Längst geht der Blick der Gründer über die Stadtgrenzen Hannovers hinaus. In anderen Städten Niedersachsens wie Hameln oder Soltau haben sich Filialen gebildet. In Bundesländern wie etwa Nordrhein-Westfalen oder Sachsen-Anhalt gründen sich Ableger der niedersächsischen Lesehelfer. ✳

Lesen Sie auf den Seiten 98 und 110 weiter, warum ein 63-jähriger Computerfachmann lernschwachen Kindern beim Lesen hilft und wie eine 58-jährige zur Senior-Trainerin wurde.

Senioren setzen sich für die Umwelt ein

Der Umweltbereich boomt und ist beispielhaft für das so genannte neue Ehrenamt, weil er oft zeitlich begrenztes und projektbezogenes Engagement erlaubt. Umweltkatastrophen wie etwa der unfassbare Reaktor-Unfall in Tschernobyl, das Waldsterben oder der Treibhaus-Effekt haben zu einer Sensibilisierung beigetragen: Der Schutz von Natur und Umwelt umfasst nicht nur bedrohte Tier- und Pflanzenarten, sondern auch Arbeitsgebiete wie Verkehr, Freizeit, Tourismus, Stadtökologie, Energie- und Wirtschaftspolitik.

Ob in einer Bürgerinitiative gegen den Ausbau einer Landebahn im Alten Land oder im Naturschutzverein, ob als Engagement im Fahrradclub oder im Gewässerschutz: Es gibt viele Möglichkeiten für ein aktives Eintreten zugunsten der Umwelt, die auf alle Altersgruppen einen besonderen Reiz ausüben.

Im Naturschutz setzen sich Menschen aus allen gesellschaftlichen Bereichen für die Erhaltung und Bewahrung der natürlichen Lebensbedingungen ein. Die Organisationen, Vereine, Initiativen und selbst die Behörden, die sich

Anwälte der Natur

Bundesweit sind Ehrenamtliche des NABU aktiv, um bedrohte Arten und deren Lebensräume zu erfassen, zu betreuen und zu kontrollieren. Darüber hinaus kaufen, pflegen und entwickeln sie Naturgebiete. Sie informieren junge und alte Mitbürger und Mitbürgerinnen und fördern das Naturverständnis. Letztendlich nehmen sie als Anwälte der Natur zu Planungsverfahren und Eingriffen in den Naturhaushalt und das Landschaftsbild Stellung.

Getragen wird die Arbeit von 1500 NABU-Gruppen und weit mehr als 100 Naturerlebniszentren, regionalen Informationszentren sowie Geschäftsstellen. Dort finden Menschen, die im NABU aktiv werden wollen, Ansprechpersonen, die weiter helfen. Gebraucht werden nicht nur eingefleischte Pflanzen, Amphibien-, Vogel- oder Fledermausspezialisten, sondern auch Bürgerinnen und Bürger, die Zeit und Lust haben, bei der Organisation der Naturschutzprojekte mitzuhelfen, die ihre Kenntnisse in der Presse- und Öffentlichkeitsarbeit einbringen möchten oder bei Biotoppflegeeinsätzen körperliche Bewegung in frischer Luft suchen. Willkommen ist aber auch die finanzielle Unterstützung der NABU-Aktivitäten durch Spenden oder Mitgliedsbeiträge.

**Ralf Schulte, NABU, Präsidentenbüro,
Stabsstelle Verbandsentwicklung,**
Invalidenstr. 112, 10115 Berlin, Telefon 0 30 / 284 984 27, mehr Informationen gibt es beim NABU, Herbert-Rabius-Str. 26, 53225 Bonn, Telefon 02 28 / 40 36 0, www.nabu.de

dieser Aufgabe widmen, leben zu ganz wesentlichen Teilen von ehrenamtlichen Naturschützern in den regionalen und bundesweiten Aktionsgemeinschaften und Arbeitsgruppen. Manche Freiwillige sind als Beiräte oder Beauftragte für Landespflege in freien Bürgerinitiativen tätig. Andere pflegen Biotope, bewachen Deiche, messen Grundwasser oder leisten Gewässerpflege als so genannte „Bachpaten". Auch in der Fortbildung zur Optimierung umwelttechnischer Verfahren oder als Mitglieder in einer Fachkommission sind viele Freiwillige zum Wohl der Natur – teils projektbezogen, teils über längere Zeiträume – tätig. Viele ehrenamtliche Akteure tragen durch ihre öffentlichkeitswirksamen Aktionen und Kampagnen ganz entscheidend zur allgemeinen Bewusstseinserweiterung in der Bevölkerung in Sachen Umwelt und Naturschutz bei.

Das Engagement für Tiere stellt einen großen und sehr beliebten Bestandteil innerhalb der ehrenamtlichen Umwelt- und Naturschutzarbeit dar. Die Arbeit der freiwilligen Helfer in Tierschutzvereinen, die oft eigene Tierheime unterhalten, besteht vor allem in der Versorgung und Betreuung herrenloser Tiere. Die Vereine informieren die Öffentlichkeit über Tierschutzangelegenheiten. In manchen Schutzgemeinschaften für spezielle Tierarten helfen Ehrenamtliche etwa bei Vogelzählungen und Biotoppflegemaßnahmen in Busch- und Wiesengeländen oder Teichen. Der Dokumentation dieser Arbeit wird ein hoher Stellenwert beigemessen und man sucht die Zusammenarbeit mit Kindertagesstätten, Schulen und anderen öffentlichen Einrichtungen.

Die längste Tradition haben Organisationen wie der Naturschutzbund (NABU) und der Bund für Umwelt und Naturschutz Deutschland (BUND). Mit dem wachsenden Interesse an Umweltfragen in Deutschland von Ende der 70er Jahre an sind zahlreiche Gruppen mit unterschiedlichen Schwerpunkten entstanden. Eines haben alle gemeinsam: Sie sind stets auf der Suche nach Menschen, die mit freiwilliger Arbeit oder anderer Unterstützung bei der Erreichung der Ziele helfen. ✿

„Gassigeher sind willkommen"

Wie eigentlich kein Verein, kann auch der Tierschutzverein seinen vielfältigen Aufgaben ohne die Mitwirkung seiner ehrenamtlichen Helfer kaum nachkommen. In manchen Vereinen nehmen die Mitglieder in ihren Privaträumen herrenlose Tiere auf, gehen Meldungen von Tierquälerei nach und fahren oft auch die Tiere mit ihrem privaten Auto.

Ihren Neigungen entsprechend packen die Ehrenamtlichen da an, wo es fehlt, wofür die Vereine sich bezahlte Mitarbeiter nicht leisten können. Neigungen und Talente gibt es in jedem Verein so viele, wie Arbeiten. Immer ist etwas zu bauen oder zu reparieren, das Gelände muss in Ordnung gehalten werden, Rasen gemäht, Laub gefegt, Schnee geräumt werden. Nur gut, wenn ein Verein freiwillige tatkräftige Männer hat.

„Gassigeher" sind wichtige und willkommene Freunde, besonders für die Hunde, die durch sie Auslauf und Abwechslung bekommen, wie es sonst nicht möglich wäre. Manche begleiten die Hunde auch in eine Hundeschule, damit sie bereits während ihres Tierheimaufenthaltes eine kleine Grundausbildung erhalten. Auch die Katzen benötigen zusätzlichen Streicheleinheiten und bekommen sie durch Menschen, die zum Versorgen der Katzen oder Streicheln kommen und darin ihre Aufgabe sehen. Nicht zuletzt sind da die fleißigen Helfer, hinter den Kulissen, die für den ganzen ebenso wichtigen „Kleinkram" sorgen: Flohmärkte veranstalten, Waffeln oder Kuchen für Feste backen, beim Putzen helfen, Festzelte

aufbauen, im Garten arbeiten, Sammeldosen verteilen, bei Sammlungen helfen. Ein Verein lebt durch seine ehrenamtlichen Mitglieder und ihnen gebührt besonderer Dank, denn persönlich haben sie von dem, was sie tun, keinerlei Vorteil.

Regina Buchhop, Tierschutzverein f. d. Landkreis Rotenburg (Wümme) e.V.,
Mühlenweg 5, 27356 Rotenburg Wümme,
Telefon 0 42 68 / 9 43 43, Fax 0 42 68 / 9 43 44,
buchhop@tierschutzvereinrotenburg.de

Senioren gehen ins Ausland

Ob Kambodscha, Pakistan oder Estland – in 152 Ländern sind Senioren als Ehrenamtliche bereits entsendet worden: Der Senioren Experten Service (SES) arbeitet seit 23 Jahren mit kleinen und mittelständischen Unternehmen in Entwicklungs- und Schwellenländern zusammen. Auch Organisationen und Institutionen wie etwa die Europäische Union oder die Deutsche Gesellschaft für Technische Zusammenarbeit (GTZ) oder der Deutsche Entwicklungsdienst (DED) sind Partner des SES.

Die Idee des SES ist simpel: „Senioren verfügen über enormes Wissen und sind reich an Erfahrungen – all das kann an andere weitergegeben werden", sagt Sonnhild Schretzmann vom SES. Der SES bietet besonders interessierten Menschen im Vor- oder Ruhestand die Möglichkeit, ihre Kenntnisse und Talente an andere im In- und Ausland zu vermitteln. Als ehrenamtlich tätige Senior Experten fördern sie die Aus- und Weiterbildung von Fach- und Führungskräften, sie leisten Hilfe zur Selbsthilfe, unterstützen Existenzgründer beim Aufbau eines Unternehmens.

Der SES versteht sich als Vermittler zwischen Freiwilligen und Firmen sowie Organisationen. „Wir entsenden Experten dorthin, wo sie gebraucht werden", sagt Schretzmann. Das kann der spanisch sprechende Bäckermeister, der Maschinenbauer oder Elektroingenieur, aber auch eine Hebamme oder Schneiderin mit guten Englischkenntnissen sein. Bereits 7 000 Senior Experten stehen im Register der SES, die in die Haupteinsatzgebiete Asien, Osteuropa, Lateinamerika und Afrika geschickt werden.

Die Dauer der Auslandsaufenthalte reicht von 14 Tagen bis zu sechs Monaten. Die Ehrenamtlichen bekommen ein kleines Taschengeld, für den Transport und die Unterkunft wird gesorgt. Das Aufgabenfeld sowie die Erfahrungen der Senioren und auch Seniorinnen sind vielfältig.

Drei Beispiele

Madagaskar:
Handelskammern partnerschaftlich

Das deutsche Vorbild ist beliebt: Die Handelskammer Hamburg unterstützt Partnerorganisationen in Madagaskar bei der Einführung des dualen Ausbildungssystems – mit Abschlussprüfung und in vielen Ausbildungsbereichen, beispielsweise in den Berufen Baufachkraft, Kaufmann oder Elektromechaniker. Dieter Merz war einer von vielen Senior Experten, die helfen, das madagassische Ausbildungssystem zu verbessern: Er besuchte ausgewählte Ausbildungsbetriebe und erstellte Lehrpläne für die Ausbildung von Automechanikern.

Guyana:
Licht durch Solarlaternen

**Freimut Wätzig, Maschinenbau- und EDV-Ingenieur, wur-
de nach Guyana gebeten** – in eine abgelegene Region am
Amazonas: Er sollte zeigen, wie Solarlaternen zusammen-
gebaut und gewartet werden. Masuki-Indianer sollten so die
Möglichkeit bekommen, auch nach Sonnenuntergang noch
„durchzublicken". Also wurden sie eingewiesen in Zusam-
menbau, Test sowie Reparatur der Lampen. Vor allem die
Wartung der Lampen hat eine große Bedeutung, da die In-
dianer so auch nach der Abreise des Experten die Anlage
in Betrieb halten können. Begeistert hat den Experten vor
allem die große Herzlichkeit und der Lerneifer!

Riga:
Schulung von Sozialarbeitern

An der privaten Fachhochschule „Attistiba" (Entwicklung) in Riga, Lettland, hat Senior Expertin Claudia Reinsberg in zwei Einsätzen Lehrkräfte und angehende Sozialarbeiter weitergebildet. Claudia Reinsberg: „Ich war begeistert von der ungeheueren Neugierde, die es dort gibt, etwa auf neue Formen des Sozialmanagements." Viele der Studentinnen sind bereits in der Sozialarbeit berufstätig und nutzen das Wochenende fürs Studium. Die Senior Expertin half ihnen, ihr berufliches Handeln zu professionalisieren.

Ihr zweiter Einsatz in Riga Anfang des Jahres beschäftigte sich unter anderem mit der Sozialarbeit bei Kindern und Jugendlichen und deren Familien. Claudia Reinsberg zu ihren SES-Einsätzen: „Toll finde ich es, dass die deutsche Wirtschaft Bereiche unterstützt, die nicht unmittelbar zu ihren Aufgaben gehören."

Freiwilligendienste für alle Lebensphasen

**Im Juni 2005 startete das Modellprojekt „Internationale Frei-
willigendienste für unterschiedliche Lebensphasen",** kurz
IFL. Es ist eines von rund 50 vom Bundesministerium für
Familie, Senioren, Frauen und Jugend geförderten Projekten, die neue Formen des freiwilligen Engagements für alle
Altersgruppen entwickeln und ausbauen wollen. Kernstück
des IFL ist der Gedanke des generationsübergreifenden und
interkulturellen Lernens. Dieser neue Freiwilligendienst
will Grenzen überwinden: zwischen Jung und Alt, Nord und
Süd, zwischen Nationen, Religionen und Kulturen. Hierfür
haben sich eine Reihe etablierter Freiwilligenorganisationen,
Entwicklungsdienste und Verbände zusammengeschlossen,
die das Projekt gemeinsam organisieren. Koordinierende
Stelle ist der Arbeitskreis „Lernen und Helfen in Übersee"
(AKLHÜ).

Der IFL bietet unterschiedliche Tätigkeiten auf der ganzen
Welt an: Bildungsarbeit in China, die Betreuung HIV-posi-
tiver Kinder in Brasilien, Einsätze gegen Menschenrechts-
verletzungen in Kolumbien und vieles mehr. Gemeinsam
begegnen sich hier Menschen in den unterschiedlichsten
Lebenssituationen, setzen sich für die Gemeinschaft ein
und lernen dabei miteinander und voneinander. Der Freiwilligendienst kann zwischen drei und 24 Monate dauern.
Die Freiwilligen wohnen während ihres Aufenthalts oftmals
in Gastfamilien oder in speziellen Unterkünften der Einrichtungen. Verpflegung und Unterkunft sind sichergestellt. Vor
Ort stehen den Ehrenamtlichen Mitarbeiter der Einsatzstel-
len als Ansprechpartner zur Verfügung, auch der Kontakt
nach Deutschland zur Entsendeorganisation bleibt beste-
hen. Es ist fester Bestandteil des IFL, die Freiwilligen vor ihrer Abreise in einem mehrtägigen Seminar auf ihren Einsatz
vorzubereiten. Freiwilliges Engagement setzt zurzeit immer
auch eine eigene finanzielle Beteiligung voraus. Teilnehmer

sollten einen Eigenbeitrag einkalkulieren. Dieser ist je nach Einsatzstelle, Land und Organisation unterschiedlich. Eine Möglichkeit der Finanzierung ist etwa, sich einen Unterstützerkreis aufzubauen, indem Freunde, Verwandte oder Institutionen sich an den Kosten des Auslandsaufenthalts beteiligen. *

Ehrenamtliches Engagement – zehn Beispiele

Ohne sie geht nichts. Weder im Sport noch in der Partei, weder in der Kultur noch im sozialen Bereich. Und eine Kirche ohne sie ist überhaupt nicht zu denken: Ehrenamtliche, Freiwillige, Arbeiter für Gotteslohn. Das sind Menschen, für die es selbstverständlich ist, sich für andere, eine gemeinsame Sache oder eine Gemeinschaft einzusetzen. Die zehn Beispiele können dabei nur einen Ausschnitt aus dem breiten Spektrum nachahmenswerten bürgerschaftlichen Engagements bieten. Es gäbe hundert andere Vereine, Initiativen oder Organisationen, die hier aufgezählt werden könnten. Doch jedes Beispiel steht stellvertretend für andere, die in der Gesellschaft Anerkennung und Respekt verdienen.

Ehrenamt im sozialen Bereich

Das Zuhören musste sie trainieren

BRIGITTE BAUER, 59, ARBEITET IN EINEM HOSPZDIENST UND BETREUT KRANKE MENSCHEN BIS ZU IHREM TOD.

Diese Geschichte hat Brigitte Brauer schon oft gehört: was für einen Spaß die beiden Geschwister in ihrer Jugend miteinander hatten und dass dann die jüngere Schwester sehr früh gestorben sei. Jeden Donnerstagnachmittag besucht Brigitte Brauer eine 86-jährige Frau in ihrem Wohnort. Frau M. leidet unter Alzheimer, zunehmend kann sie sich nur noch an Erlebnisse aus ihrer Jugend und Kindheit erinnern – „was gestern war, ist ja auch nicht so wichtig", sagt Brauer dann. Hauptsache ist, dass Frau M. ins Erzählen kommt, aus ihren Erinnerungen lebt, immer wieder neu die Geschichten aus alten Zeiten Revue passieren lässt. „Ich höre dann einfach zu, bewerte nicht, urteile nicht, auch wenn es sich manchmal wiederholt wie die Geschichte mit der Schwester", sagt Brauer. Das professionelle Zuhören hat Brauer in einer Schulung gelernt. Vor einem Jahr als sie sich beim Hospizdienst des Diakonischen Werkes in Burgdorf bei Hannover als Ehrenamtliche anmeldete.

Als Brauer vor eineinhalb Jahren bei einem großen Chemiekonzern als Kundenbetreuerin in die Altersteilzeit wechselte, brach für sie die große Sinnfrage auf: „Was fange ich mit meiner Zeit an?". Ehrenamtliches Engagement war der geselligen Frau schon immer wichtig gewesen. Ihre Philosophie: „Ich habe schon viel Gutes und viel Hilfe im Leben erfahren. Das will ich anderen Menschen weitergeben". Frei nach dem Motto: Was mir der eine gibt, das gebe ich jemandem anderen weiter. In der Tageszeitung habe sie einen Artikel über den Hospizdienst vom Diakonischen Werk in ihrem neuen Wohnort Burgdorf gelesen. Kurz entschlossen hat sie sich zu einer Wochenendschulung angemeldet.

„Diese Schulung ist für mich der Grundstein für meine ehrenamtliche Arbeit im Hospizdienst", berichtet Brauer. Ihr Verhalten im Gegenüber mit Schwerst- und Demenzkranken, Krebs- oder Tumorpatienten wurde dort geschult: Kein Mitleid, sondern Mitgefühl zeigen, damit der Betreuer Distanz zum Patienten halten kann; keine Sofortlösungen bei Problemen anbieten, sondern Konflikte mit aushalten; keine Macht gegenüber dem schwächeren Hilfsbedürftigen ausspielen; sich selbst nicht vom Patienten manipulieren lassen, indem der Betreuer zu starke Gefühle für seine Klienten entwickelt. „Die Fortbildung hat mir auch die Schwellenangst vor dieser Aufgabe genommen", erinnert sich Brauer, die auch regelmäßig mit Hunden aus einem Tierheim als Ausgleich Gassi geht.

Wenn die 59-Jährige donnerstagnachmittags Frau M. besucht, hat sie sich meistens ein kleines Programm überlegt: Zunächst plaudern sie ein wenig im Wohnzimmer, dann machen sie immer einen einstündigen Spaziergang, der hin und wieder auch von einem Besuch im Café im Ort unterbrochen wird. „Der Ablauf strukturiert die Zeit, die wir gemeinsam haben", erzählt Brauer. Und wenn Brauer sich am Abend von Frau M. verabschiedet, bekommt sie oft ein Kompliment mit auf dem Weg: „Das waren die schönsten Stunden der Woche für mich". Das ist eine echte Motivation für Brauer, wiederzukommen.

Für Brauer ist die ehrenamtliche Betreuung jedoch nicht nur ein Geben, sondern auch ein Nehmen. Manchmal wird sie an ihre eigene Mutter erinnert, die vor einigen Jahren gestorben ist. „Um sie konnte ich mich wegen meines Job nicht so kümmern." Besucht Brauer ihre Klientin, gibt es viele Anknüpfungspunkte: alte Kochrezepte, Rituale an Weihnachten und Ostern, Gartenarbeit – all das hat ihre eigene Mutter auch schon erzählt. Aber auch an so manchen familieninternen Konflikt fühlt sich Brauer erinnert, wenn sie dem privaten Kummer von Frau M. geduldig zuhört. „Das muss ich aushalten. Eine Lösung habe ich nicht parat, das steht mir weder zu noch kann es meine Aufgabe sein", sagt Brauer ganz professionell. Absolute Diskretion ist da gefragt und selbstverständlich.

Und falls ein Konflikt ihr eigenes Nervenkostüm zu sehr angreift, kann sie diesen in einer Supervisionsrunde besprechen. Denn Brauer ist eine von mehr als 20 Ehrenamtlichen, die im Burgdorfer Hospizdienst tätig sind. Eine Sozialarbeiterin koordiniert die Arbeit und betreut die Ehrenamtlichen mit professionellen Schulungen und Supervisionen. „Gerade auch die Gemeinschaft unter uns Ehrenamtlichen ist wichtig für die Betreuung im konkreten Fall, da wir im Austausch voneinander lernen und uns unterstützen", berichtet Brauer. Schließlich spreche man in so manchen Rollenspielen auch sehr offen persönliche Ängste an: Wie gehe ich mit dem bevorstehenden Tod um? Wie reagiere ich darauf, wenn mein Klient stirbt? „Das sind Fragen, die eine hohe Belastbarkeit fordern können", sagt Brauer.

Gleichzeitig entstehe dadurch aber auch echte Gemeinschaft, in der oft gelacht wird. Und darin sind sich die meisten Ehrenamtlichen einig: Der Tod gehört ja auch zum Leben. ✽

Ehrenamt im sozialen Bereich
Alles für den anderen regeln

HELEN WÄCHTERSHÄUSER, 64, IST EHRENAMTLICHE
BETREUERIN – VOM AMTSGERICHT BESTELLT.

Restaurator war er früher einmal, irgendwann hat sich sei-
ne Frau von ihm getrennt, seine beiden Söhne haben den
Kontakt abgebrochen. Alkoholkonsum hat bei Uwe S. eine
Psychose ausgelöst – mit Verfolgungswahn und suizidalen
Zügen. Viel mehr weiß Helen Wächtershäuser über Uwe
S. auch nicht. Obwohl sie ihn einmal im Monat in einem
Pflegeheim für psychisch kranke Menschen besucht. Die 65-
Jährige ist seine ehrenamtliche Betreuerin – vom Vormund-
schaftsgericht bestellt.

Es habe einige Monate gedauert, bis Uwe S. ihr freundlich
zugewandt war, erzählt Wächtershäuser mit ruhiger Stimme.
Für den 59-Jährigen erledigt sie den Gang zum Sozialamt,
beantragt Kleidergeld, verwaltet sein kleines Vermögen. Die
Besuche bei Uwe S. sind meist kurz, sie erkundigt sich nach
seinem Gesundheitszustand, wie das Zusammenleben mit
seinem Mitbewohner in der kleinen Dachgeschosswohnung
des Pflegeheims funktioniere, ob er etwas benötige. Für lange Gespräche ist er nicht zu haben. Ab und zu geht sie mit
dem vollbärtigen Mann bummeln – in der hannoverschen
Innenstadt. „Er kauft sich dann von seinem eigenen Geld

eine Jeans oder einen Pullover", berichtet Wächtershäuser. Ohne sie würde Uwe S. nie in die Stadt finden.

Seit 1992 gilt das Betreuungsgesetz, das das Vormundschaftsrecht ablöste. Knapp 70 Prozent der Betroffenen werden von ihren Angehörigen nicht nur gepflegt, sondern von ihnen auch in rechtlichen Dingen betreut. Helen Wächtershäuser ist eine so genannte „Fremdbetreuerin" für rechtliche Angelegenheiten. Das Amtsgericht weist ihr Personen zu, deren Familienangehörige solche Betreuungsaufgaben nicht übernehmen können. Zurzeit kümmert sich Wächtershäuser in ihrer Freizeit um zwei Frauen und einen Mann. Alle drei leben im selben Pflegeheim. An den Tagen, an denen Wächtershäuser ins Heim fährt, hat sie einen festen Zeitplan: Zuerst geht sie zu Uwe S., dann holt sie sich im Erdgeschoss die Kontoauszüge fürs Taschengeld ihrer Klienten ab, danach geht sie meist mit den beiden Frauen, 76 und 51 Jahre, in die Cafeteria – zum Teetrinken. „Die beiden verstehen sich ganz gut", sagt Wächtershäuser. Auch wenn die Krankheitsbilder so unterschiedlich sind: von starker Depression und Demenz bis hin zu einer schizophrenen Psychose.

An diesem Nachmittag nimmt sich die Betreuerin besonders viel Zeit für die 76-jährige Inge S. Es war Muttertag und Inge S. Tochter hat sich wieder nicht gemeldet. Seit Jahren ist das so. „Da sind Sie ganz schön traurig", sagt Wächtershäuser zu Inge S. Der alten Frau schießen Tränen in die Augen, sie sagt: „Ach, da bin ich doch drüber weg." Wächtershäuser stimmt ihr zu und lenkt das Gespräch auf einen geplanten Ausflug, den sie mit Inge S. unternehmen möchte: „Fahren wir wieder in das schöne Café am Maschsee?", fragt Wächtershäuser, ihre braunen Augen sprechen Vertrauen aus. „Ja, gerne. Da hat mir das besonders gut gefallen, am Wasser, bei frischer Luft", sagt Inge S. Sie fragt, ob sie denn genug Taschengeld für solch einen Ausflug habe. Wächtershäuser beruhigt: „Ja, auf ihrem Konto sieht es gut aus." Die ehrenamtliche Betreuerin verwaltet die private Kasse der

76-Jährigen. Monatlich bekommt die Demenzkranke vom Sozialamt 89,70 Euro überwiesen. Wächtershäuser teilt das Geld ein – Woche für Woche. Ohne sie würde Inge S. mit ihrem schmalen Taschengeld nicht über die Runden kommen. Als Aufwandsentschädigung erhält Wächtershäuser pro Betreuten im Jahr 323 Euro. Mit dem Geld bezahlt sie ihre Fahrten ins Heim, finanziert Ausflüge, kauft Blumen für ihre Betreuten oder Geschenke zum Geburtstag.

Die Post ihrer drei Klienten bekommt Wächtershäuser nach Hause – Briefe vom Rentenversicherungsträger, vom Sozialamt, von der Krankenkasse. „Ich kümmere mich um alle Behördenangelegenheiten", sagt Wächtershäuser. In einem Jahresbericht muss sie Rechenschaft über ihre Arbeit ablegen. „Das Amtsgericht überprüft auch, ob alle Ausgaben korrekt belegt sind", sagt die studierte Sozialpädagogin.

In ihrem Portemonnaie stecken drei grüne Ausweise. Nur mit diesen Urkunden in der Hand hat die Betreuerin die gültige Vollmacht, für den Betroffenen die vom Gericht konkret festgelegten Angelegenheiten zu erledigen: Auf dem Ausweis von Uwe S. ist als Aufgabenkreis die Sorge um die Gesundheit sowie Aufenthaltsbestimmung und Vermögenssorge vermerkt, bei Inge S. hingegen steht: sämtliche Angelegenheiten. Die Motivation der ehrenamtlichen Betreuerin ein solches Amt auszuüben, ist einfach: für hilfsbedürftige Menschen zu sorgen, und für sie die schweren Dinge ihres Lebens zu regeln. Und welche Voraussetzungen hat die Betreuerin mitgebracht?: „Keine Scheu vor Ämtern und die Lust, sich intensiv mit Menschen zu beschäftigen." Sagt Wächtershäuser. ✽

Ehrenamt in der Kirche
Einfach so sein wie „Du und ich"

Ein Besuchsdienstkreis der evangelischen Kirche in Hannover kümmert sich um einsame Menschen im Stadtteil.

Die 34 Straßen zwischen Hauptbahnhof und Stadtpark sind aufgeteilt. Jedes Mitglied des Besuchsdienstes der Evangelisch-lutherischen Dreifaltigkeitsgemeinde in Hannover bekommt an diesem Nachmittag ein Kärtchen. Darauf stehen ein Datum, ein Name, eine Hausnummer und eine Altersangabe. Die Ehrenamtlichen des Besuchsdienstes teilen sich die Geburtstagsbesuche für den laufenden Monat auf. Es werden Glückwunschkarten mit einem aufgedruckten Bibelspruch verteilt, Frühstücksbrettchen mit einem eingebrannten Morgengebet. „Das sind unsere Geschenke", sagt Ursel Bartels. Vor der 65-Jährigen steht auf einem Tisch ein blauer Karteikasten. Darin stecken zahlreiche Briefe und Zettel. Frau Bartels faltet einen gelben Briefbogen auseinander und liest vor: „Ich möchte mich recht herzlich für das nette Geschenk bedanken", schreibt Frau Schulze. Auf einer Postkarte steht kurz und knapp: „Ich bin über meinen Geburtstag verreist". Die 25 so genannten Bezirkshelferinnen lachen. Sie wissen von wem die Karte ist. „Die Dame ist jedes Jahr über ihren Geburtstag im Urlaub", sagt Ursel Bartels.

Die Bezirkshelferinnen kennen ihr Revier in der hannoverschen Innenstadt. Nahezu jedes Haus in ihren zugeteilten Straßen ist ihnen bekannt, viele Bewohner in den vierstöckigen Mietshäusern kennen sie persönlich. Vor allem zu den ungeraden Geburtstagen gehen die Frauen und Männer zu älteren, hilfs- und pflegebedürftigen Menschen im Stadtteil. Wenn der erste Kontakt über den Geburtstagsbesuch geknüpft ist, steht das persönliche, vertrauensvolle Gespräch mit den Senioren im Zentrum. „Diskretion ist bei uns das oberste Gebot", sagt Ursel Bartels. Dazu kommen Krankenhausbesuche, alltägliche Besorgungen oder die Vermittlung ambulanter Hilfe. Auch Neuzugezogene haben die Bezirkshelferinnen im Blick. Sobald das Einwohnermeldeamt die aktuelle Liste der Neuzugezogenen zuschickt, gibt es Post von der Kirchengemeinde – persönlich überreicht.

Seit 16 Jahren leitet Bartels den Besuchsdienstkreis in der Kirchengemeinde. Die meisten ihrer ehrenamtlichen Mitstreiter sind ebenfalls im Rentenalter. „Gerade in der Stadt gibt es eine große Einsamkeit bei vielen älteren Menschen", berichtet Bartels. Oftmals seien die Bezirkshelferinnen von der Kirche der einzige soziale Kontakt für die allein Stehenden. Sie bemerken als erste, wenn etwas nicht stimmt: „Wir schauen auch nach den Menschen", sagt Bartels. Wenn etwa ein älterer Mensch in seiner Wohnung verwahrlost oder starke psychische Probleme hat, dann kontaktiert das Team von Ursel Bartels einen Sozialarbeiter oder den sozialpsychiatrischen Dienst. „Die müssen sich dann intensiv um die Menschen kümmern", so Bartels.

Doch der Besuchsdienst an den Haustüren im Stadtteil ist nicht immer einfach. „Manchmal werden wir unfreundlich abgewiesen", berichtet Hedwig Schmidt. Vier bis fünf Hausbesuche macht die 86-Jährige im Monat. „Manche haben Angst, wir seien Trickdiebe", sagt sie. Wenn sie jedoch im darauf folgenden Jahr wieder auftaucht, hat sie zumeist Erfolg. „Die kennen mich dann." Andererseits gibt es viele

schöne Erfolge in der ehrenamtlichen Tätigkeit: „Einmal hat mir eine Frau einen 50-Euro-Schein in die Hand gedrückt", erinnert sich Manfred Rattay. Das Geld sei für den Klingelbeutel in der Kirche, habe die Besuchte ihm gesagt. „Später ist sie sogar in die Kirche eingetreten", sagt der 75-Jährige.

Die Motivation der Bezirkshelfer für ihr Ehrenamt ist vielfältig: Bei einigen steht die Kontaktfreudigkeit im Vordergrund, im anonymen Stadtteil Menschen kennen zu lernen, die sonst kaum auf die Straße gehen. „Die Stadt lebt ganz anders. Fenster und Türen sind nicht mehr hohl, wenn man weiß, wer dahinter lebt", sagt Rattay. Andere möchten ihr Bild von der Kirche weiter vermitteln. „Kirche heißt auch, dass Menschen für Menschen da sind", sagt Ursel Bartels.

Nach zwölf Jahren Kirchenvorstandsarbeit hat die gelernte Arzthelferin ihr Mandat im Gemeindegremium niedergelegt. „Ich wollte mich für das Wesentliche einsetzen", sagt Bartels. Für die Menschen in ihrer Nachbarschaft. Neben dem Besuchsdienst, für den sie fast täglich unterwegs ist, engagiert sie sich mit ihrem Ehemann Dieter auch noch in der Jugendarbeit. Beide betreuen ein kommunales Austauschprogramm mit polnischen Jugendlichen. Erst vor kurzem hat sie einen Bürgerpreis für ihr ehrenamtliches Engagement erhalten. „Muss das denn sein", sagte sie, als sie dafür auserkoren wurde. Zwar hat sich die 65-Jährige über die öffentliche Anerkennung ihres Engagements gefreut, „doch die meiste Anerkennung bekomme ich von den Menschen, die ich besuche", sagt sie. Ein einfaches „Danke" ist für sie das größte Lob.

Ursel Bartels ist immer wieder auf der Suche nach neuen Ehrenamtlichen, die im Besuchsdienstkreis mitarbeiten. Gerade für Menschen im Rentenalter sei das eine passende Aufgabe, die in hunderten von Kirchengemeinden in Deutschland ausgefüllt werden müsse. Die Vorraussetzungen sind laut Bartels nicht kompliziert: „Man muss ein wenig zurückhaltend sein, zuhören können, sich in Geduld üben und sich in andere Personen hinein denken können." Viele Menschen seien froh, wenn da jemand kommt, der so ist wie ich und du. „Ist doch eigentlich ganz einfach." Sagt Bartels. ✤

Ehrenamt in der Kirche
Eine andere Welt kennen lernen

EDITH HERZBERG, 61, SERVIERT TEE UND KAFFEE – UND LERNT DABEI MENSCHEN KENNEN, DIE SIE SONST NIE TREFFEN WÜRDE.

Ein kleiner Junge sitzt an einem Tisch, seine Schulhefte liegen ausgebreitet vor ihm. Er wartet auf seine Mutter, die ein Gespräch in der Beratungsstelle hat. Um die Zeit zu überbrücken, macht der Neunjährige seine Hausaufgaben. Nach den Matheaufgaben hat er Durst. Er bestellt einen Apfelsaft bei Frau Herzberg. Die 61-Jährige setzt sich zu dem Jungen, sie unterhalten sich. Frau Herzberg erfährt, dass er in Mathe nicht so gut sei, dafür aber in Deutsch, dass er einen guten Freund habe, mit dem er gleich zum Radfahren verabredet sei, dass seine Mutter sich mit seinem Vater nicht mehr so gut verstehe. Der Junge nimmt Frau Herzberg mit – in seine Welt. „Das ist das Spannende an meiner Arbeit – so intensiv unterschiedliche Menschen zu erleben", sagt Edith Herzberg.

Sie ist eine der 36 Ehrenamtlichen im ka:punkt, ein katholisches Kirchencafé mitten in der hannoverschen City. Im Keller ist ein Andachtsraum, im Erdgeschoss das Café, im ersten Stock befinden sich mehrere Beratungsstellen für Ehe-, Sucht- oder allgemeine Lebensprobleme. Der ka:punkt ist täglich geöffnet, außer sonntags. Im Jahr kommen knapp 15 000 Menschen in die Begegnungsstätte, um in der Mittagspause mal abzuschalten, Zeitung zu lesen, einen Kaffee zu trinken oder sich mit Bekannten zu treffen. Das Publikum ist gemischt: Bankangestellte, Senioren, Obdachlose, Mütter mit Kindern.

An diesem Freitag hat Edith Herzberg erst um 14 Uhr Tresendienst – für vier Stunden. Doch heute ist die 61-Jährige bereits um 12.30 Uhr in den ka:punkt gekommen – zur heiligen Messe, im Keller. Gemeinsam mit Geschäftsleuten aus den benachbarten Läden, einigen hauptamtlichen Mitarbeitern der Beratungsstelle und Gästen des Cafés. Der Andachtsraum ist ein Rondell, die Besucher sitzen im Halbkreis auf einer Bank, ein Pfarrer teilt das Heilige Abendmahl aus. „Gemeinsam mit ganz fremden Menschen Abendmahl zu feiern – das schafft Gemeinschaft", schwärmt die überzeugte Katholikin. Durch die spirituelle Erfahrung gestärkt, tritt Edith Herzberg ihren Dienst im Café an. Ihre ehrenamtlichen Aufgaben scheinen simpel: Kaffee und Tee für je 30 Cent servieren, die Tische abräumen, freundlich sein. Das ist alles. „Nicht ganz", sagt die ehemalige Schadenssachbearbeiterin bei einer großen Versicherung: „Oft wollen die Besucher einfach mal reden." Neben Themen wie etwa das Wetter oder die Schlagzeile in der Zeitung geht es manchmal auch um die Eheprobleme, den Schuldenberg bei der Bank oder eine Ernst zunehmende Krankheit. Obwohl Edith Herzberg neben ihrem Beruf eine Ausbildung zur Suchtberaterin absolviert hat, sich zur Heilpraktikerin hat ausbilden lassen und Erfahrungen in Gesprächsführung sammelte, vermittelt sie die Besucher dann oft an die hauptamtlichen Berater im ersten Stock weiter. „Ich bin so etwas wie der Erstkontakt", sagt Herzberg. Und mehr wolle sie auch nicht sein.

Vor einem halben Jahr hat bei der allein stehenden Seniorin die passive Phase der Altersteilzeit begonnen. Zunächst war die Zeit ohne Job wie Urlaub: Unkraut jäten im Garten,

Ausschlafen, Klavier spielen, sich um die Katze kümmern. „Doch jetzt ändert sich das. Ich bin froh, meinen ehrenamtlichen Job hier zu haben", sagt Herzberg und lächelt. Hier im Café treffe sie ganz fremde Menschen, aber auch Freunde aus der Mitarbeiterschaft, hier kann sie ihre Religiosität leben, hier ist sie für andere da. „Insgesamt erfüllt mich das sehr", sagt Herzberg und fügt ein wenig ironisch hinzu: „Auf jeden Fall will ich mir damit keinen Platz im Himmel verdienen."

Doch für viele Besucher ist das Café ein kleines Stück vom Himmel: Geborgenheit, Ruhe und der Kontakt mit Anderen tun gut. Besonders viele ältere Menschen leben alleine, sind einsam in der großen Stadt. „Hier schließen sie Kontakte." Obdachlose bekommen hier etwas zu trinken, können sich aufwärmen, ihre Kleidung trocknen. Und gerade die ehrenamtlichen Mitarbeiter machen den ka:punkt lebendig. „Die sind unser größter Schatz", sagt Michael Sommer, einer der hauptamtlichen Psychologen im ka:punkt. Die Ehrenamtlichen verkörpern das „Konzept auf zwei Beinen": für andere da sein. Und die freiwillig Engagierten erhalten reichlich Unterstützung für ihre Arbeit: Dreimal im Jahr können sie an Fortbildungen über Spirituelles, Gesprächsführung oder Psychologie teilnehmen. „Da lernen wir ganz handfeste Dinge", sagt Herzberg. Etwa Antworten auf Fragen wie „Ich kann nicht mehr. Was soll ich tun?". Einmal im Jahr unternimmt die ehrenamtliche Mannschaft einen Ausflug – in ein Kloster oder ein Museum. Und einmal pro Monat wird eine Supervision angeboten: „Da sprechen wir über das, was wir mit den Menschen im Café erlebt haben", sagt Herzberg. Das sei ganz wichtig: Denn vom Austausch der Erfahrungen lernen alle etwas.

Schon heute freut sich Edith Herzberg auf nächsten Freitag, wenn sie wieder Dienst hat im ka:punkt. „Mal sehen, in was für eine Welt mich dann wieder jemand mitnimmt." ✿

Ehrenamt im Sport

Auch Quereinsteiger sind willkommen

**EIN EHEPAAR IST MIT DEM SPORT VERHEIRATET UND
WIRBT UNERMÜDLICH FÜR EHRENAMTLICHES ENGAGEMENT
IN SEINEM VEREIN UND IM TURNERBUND.**

Wenn die Schwägermanns donnerstagabends auf der Terrasse des Vereinsheims sitzen, dann klopfen alle fünf Minuten Bekannte auf ihren Tisch: „So begrüßen wir uns eben im Sportverein", sagt Günter Schwägermann nicht ohne Stolz. Was Turnvater Jahn für die deutsche Sportgeschichte ist, das ist der 76-Jährige für die Geschichte seines Vereins, dem MTV Herrenhausen in Hannover. „Doch ohne meine Frau Inge hätte ich all das nicht machen können, was ich im Turnsport erreicht habe", sagt der hagere, ältere Herr. Er streichelt seiner Ehefrau über den linken Arm. Seit mehr als 70 Jahren turnt er, war Leichtathlet, Hand- und Faustballer sowie Tennisspieler. Als Übungsleiter und Fachwart für das Kinderturnen hat der einstige Sportlehrer 1947 in seinem Verein begonnen. Jugendwart war er dort, Sportwart und 1. Vorsitzender. Leiter der Turnabteilung ist er bis heute. Schon längst ist Schwägermann Ehrenmitglied im MTV.

Doch nicht nur im Verein engagierte sich der 76-Jährige ehrenamtlich: Im Turnkreis Hannover-Stadt, zu dem 80 Vereine und mehr als 24 000 Mitglieder gehören, war er Kinder-, Jugend-, Oberturnwart und schließlich 1. Vorsitzender.

Jetzt kümmert sich Schwägermann um die Jüngsten in seinem Verein: Viermal pro Woche dirigiert er Ein- bis Fünfjährige sowie Sechs- bis Zwölfjährige über Reck und Barren. Weiht den Turnernachwuchs in die Geheimnisse des Purzelbaums sowie des Saltos ein. Seine Turnstunden sind beliebt – im ganzen Stadtteil. Manchmal, vor allem wenn es draußen regnet, nehmen bis zu 30 Sprösslinge an Schwägermanns Kinderturnen teil. Das Programm ähnelt sich: Erst 20 Minuten Spielplatzzone an allen Geräten, dann laufen, springen, hüpfen. Es folgt das Training auf Weichbodenmatten, an Schaukelringen, auf dem Trampolin. Sogar das eine oder andere Volkslied singt der rüstige Rentner mit dem Nachwuchs. Eltern und Großeltern sind an den Geräten als Helfer dabei. „So werden auch die als ehrenamtliche Turn-Assistenten integriert", sagt der Sportler, der auch Integrationsarbeit von Migranten leistet. Denn in Schwägermanns Turngruppen stammen oftmals mehr als die Hälfte der Kinder aus russischen, türkischen oder asiatischen Familien. „Auch hier lernen die Kinder schnell die deutsche Sprache", sagt er.

Doch Günter Schwägermann ist bescheiden. Seinen sportlichen Erfolg, seine Funktionärskarriere, seine Trainingsstunden gäbe es nur, weil seine Frau Inge ihn so unterstütze. Das betont er immer wieder. Und auch Inge kann auf eine vorbildliche Sportkarriere zurückblicken: Sie ist Mitglied im MTV Herrenhausen seit 1935. Unter den Frauen gehört sie am längsten dem Verein an und ist seit 1998 Ehrenmitglied. Ihr Ehrenamt begann 1947 als Übungsleiterin im Kinderturnen, seit 1957 leitet sie die Gymnastik-Abteilung im MTV. Neben der Vereinstätigkeit leitet Inge Schwägermann mittwochs ehrenamtlich eine Gymnastikstunde des Kommunalen Senioren-Service der Stadt Hannover. Auch im Turnerbund war sie ehrenamtlich aktiv. Im Turnkreis war sie Frauenturnwartin, Gymnastik- und Kampfrichterwartin. Heute ist sie neben ihrem Mann im Vorstand Schriftwartin.

„Ich bin also auch die Sekretärin meines Mannes", sagt die gelernte Bürokauffrau ganz selbstbewusst. Eine Ehe des Sports führen die beiden Schwägermanns – bis heute. Das Haus liegt in Fußnähe zum Vereinsheim. Auch ihre Tochter ist begeisterte Turnerin und Übungsleiterin.

Es ist nie zu spät, mit dem Sport zu beginnen: „Es gibt auch viele Quereinsteiger in unserem Alter", sagt Inge Schwägermann. Montags zum Beispiel. Da leitet sie die Seniorinnen-Gymnastik „50 plus" und anschließend die „Golden Girls" – eine Tanzgruppe, die sogar bei Festen Showeinlagen vorführt. Mehr als 35 Frauen im Alter von 50 bis 85 Jahren kommen regelmäßig zu diesen Stunden in die Turnhalle. „Manche bringen eine Freundin mit, die dann in den Verein eintritt", sagt die 76-Jährige. Viele der Seniorinnen, die neu in die Gruppe kommen, haben ihr gesamtes Leben nichts mit Sport am Hut gehabt. Und wer dann nicht gleich die rechte Motorik zu den ausgefeilten Tanzschritten mitbringt, „der kann es spätestens nach der dritten Stunde", sagt Schwägermann. Sie selbst habe bereits Arthrose in den Gelenken: „Die anderen haben Verständnis dafür, dass ich mich nicht mehr so tief beugen kann", verrät die 76-Jährige. Die Seniorinnen sind stets bei der Sache, tanzen nach Abba oder Udo Jürgens. Die Damengruppe entwickelt aber auch eine Eigendynamik. Einige bereiten die Weihnachtsfeier vor, andere organisieren die alljährliche Spargel-Essen-Tour. „Jede übernimmt eine Aufgabe." Ehrenamtlich.

Warum engagiert sich das Ehepaar Schwägermann nach mehr als 70 Jahren Vereinsmitgliedschaft immer noch freiwillig? „Der Kontakt zu den Menschen ist uns das Wichtigste", sagen beide. Das Argument „Bewegung" folgt als zweites. „Körperlich fit bleiben ist doch im Alter genau so wichtig wie in jungen Jahren", sagt Inge Schwägermann. In ihre Gymnastikgruppe kämen auch Frauen, denen kürzlich

eine neue Hüfte implantiert wurde oder deren Kniegelenk ausgewechselt wurde. „Na und", sagt sie, „der Sport macht sie wieder gesund."

Und wieder klopft jemand auf den Tisch des Ehepaares auf der Terrasse des Vereinsheimes. Der Mann, der die Schwägermanns diesmal begrüßt, ist Mitte 40. Das Ehepaar grüßt zurück. Dann flüstert Günter der Inge ins Ohr: „Siehst Du, den hatte ich auch schon mal in meiner Turngruppe." Das ist 35 Jahre her. ✾

Ehrenamt im Bildungsbereich
Fortschritte sind das größte Lob

EIN 63-JÄHRIGER COMPUTERFACHMANN LEHRT KINDER DAS LESEN. DAS IST SEINE ANTWORT AUF PISA.

Zeile für Zeile schwebt der weiße Kugelschreiber über die Seite. Es dauert eine kleine Weile bis das Wort entziffert ist. Bei dem Wort „Kolonie" bleibt der Kugelschreiber stehen: Kooo – looo – nie. „Geschafft", denkt sich die achtjährige Carolin. „Das schwere Wort habe ich ganz alleine vorgelesen", sagt sie nicht ohne Stolz zu ihrem Mentor. Der lacht, legt den weißen Kugelschreiber in die Buchmitte und lobt seine Schülerin: „Heute bist du aber besonders gut im Lesen, hast wohl ausgeschlafen." Jeden Donnerstagnachmittag treffen sich der 63-jährige Dietmar Hacker und die Drittklässlerin in der Bibliothek der Ernst-Reuter-Grundschule in Barsinghausen bei Hannover. Zum Vorlesen.

Seit einem halben Jahr ist Dietmar Hacker Mentor und hilft Grundschülern, lesen zu lernen und Texte zu verstehen. Vor zwei Jahren, da war Hacker noch Bereichsleiter in einem großen Rechenzentrum. Heute ist der Computerfachmann für zwei Schüler zuständig, für Carolin und für Dustin. „Diese Aufgabe ist mir ebenso wichtig wie einmal mein Beruf" sagt Hacker. Schließlich sei das Lesen die Voraussetzung für alles andere: Um in anderen Fächern wie etwa

Mathematik Aufgaben zu lösen, um einen guten Schulabschluss zu machen, um einen Ausbildungsplatz zu finden. „Die leseschwachen Kinder bleiben sonst auf der Strecke", sagt Hacker und schiebt die Lesebrille auf seinem Nasenrücken ein wenig höher.

Dietmar Hacker ist einer von mehr als 600 Ehrenamtlichen in der Region Hannover, die sich in rund 130 Schulen um leseschwache und sozial benachteiligte Kinder kümmern, vor allem in Grund- und Hauptschulen. „Hannovers Antwort auf PISA" nannte der Erfinder des Mentorenprojekts, der hannoversche Buchhändler Otto Stender, seine Idee. Seit der Gründung im Jahr 2003 wächst die Zahl der Mentoren im Verein „Mentor - Die Leselernhelfer" kontinuierlich. Längst geht der Blick der Gründer über die Stadtgrenzen Hannovers hinaus. Im Umland werben Kontaktpersonen neue Ehrenamtliche an. Sogar in anderen Städten Niedersachsens wie Oldenburg oder Lüneburg haben sich Filialen gebildet. In Bundesländern Nordrhein-Westfalen, Sachsen-Anhalt, Hamburg und Bayern gründen sich Ableger der niedersächsischen Lesehelfer. Die Freiwilligen kommen aus unterschiedlichsten Berufen. Auch Studenten melden sich. Die meisten der Helfer sind Ruheständler – wie Dietmar Hacker.

Heute liest er mit Carolin aus einem Buch über Kaninchen. „Alarm" heißt das Kapitel, das über die natürlichen Feinde des Kaninchens informiert. Neben dem Text sind farbige Bilder. Nach jedem Absatz halten die beiden inne und Carolin darf etwas über ihre eigenen beiden Kaninchen erzählen: Hobbile und Flitzi. „Zum Glück müssen die beiden keine Angst vor Füchsen haben", sagt Carolin. „Warum denn nicht?", fragt ihr Leselehrer. Das Mädchen mit ihrem rot-weiß gestreiften Pullover lächelt und sagt: „Na ist doch klar, die sitzen in einem Stall im Garten."

Hacker weiß, wie er seine Schülerin nach fünf Schulstunden noch fürs Lesen begeistern kann: „Ich lese mit ihr Bücher, die mit ihrer Freizeitbeschäftigung zu tun haben", sagt der 63-Jährige. Ob das ein Kaninchenbuch oder ein Buch über eine Ballerina ist- Carolin ist bei der Sache, wenn es um die Langohren oder ums Tanzen geht. Das sind ihre Hobbys. Im Deutschunterricht hat die Schülerin bereits Fortschritte gemacht. Sie melde sich jetzt viel öfter, traue sich mehr, vor den anderen Schülern zu lesen, hat die Klassenlehrerin dem Lesementor berichtet. Der Austausch mit den Lehrern oder Eltern sei für seine ehrenamtliche Aufgabe immens wichtig, betont Dietmar Hacker. Denn nur so wisse er, ob seine Methode des Lesen-Helfens auch etwas bewirke. „Und außerdem ist das auch für mich ein tolles Erfolgserlebnis, wenn meine Schüler immer besser werden", sagt er.

Einmal im Monat trifft er sich mit 20 anderen Mentoren aus seiner Region. Die Lesehelfer tauschen untereinander Tipps im Umgang mit ihren Sprösslingen aus. Zum Beispiel hat Hacker die Methode mit eingebracht, dass die Schüler schwierige oder schwer verständliche Wörter in einem Vokabelheft notieren. In Carolins Heft stehen Begriffe wie „Plunder", „Rauferei" oder „Kolonie". Ab und zu hält auch eine Pädagogin ein Referat für die Mentoren.

Das wichtigste für Dietmar Hacker ist das praktische Arbeiten mit den Kindern: Durch sein Lob und seine Anerkennung gewinnen die Schüler an Selbstvertrauen. Und wenn der Rentner mit den Grundschülern auf dem braunen Sofa in der Schulbibliothek sitzt, „dann ist das ein ganz stressfreier Raum", sagt er. Da werden keine Erwartungen gestellt, da werden keine Zensuren vergeben. „Da wird Lesen zum Spiel", sagt Hacker und steckt seinen weißen Kugelschreiber in die Hemdtasche. Für heute ist Schluss, raunt er Carolin zu. ✽

Ehrenamt in der Politik

Was mit entscheiden

ERST IM RENTENALTER IST GÜNTER KLOSE ZUR POLITIK GEKOMMEN. JETZT SITZT DER 71-JÄHRIGE IM BEZIRKSRAT.

Politisch aktiv ist Günter Klose bereits mit 15 Jahren gewesen. Damals hat er noch in der DDR gelebt, war ein kleiner Pionier und bei der Freien Deutschen Jugend (FDJ) – der ehemaligen Jugendorganisation im sozialistischen Staat. Doch nach einem Besuch in Westberlin hat Günter Klose festgestellt: „Die legen uns hier alle rein, in der DDR." Klose musste eine Ausbildung zum Metallformer machen. Das hatte der Staat ihm vorgeschrieben. Und er sollte zum Schießunterricht. Das hatte man ihm befohlen. Aber Klose gehorchte nicht. 1954 sang er zur Fußballweltmeisterschaft mit seinen Kumpels die Nationalhymne des deutschen Westens – öffentlich in einer Kneipe. Zwei seiner Freunde wurden verhaftet und verhört. Klose hatte Glück und kam davon.

Heute lebt der 71-Jährige in Hannover, er ist ehrenamtlicher Kommunalpolitiker in seinem Stadtteil. „Doch ganz so wild wie früher geht es heute nicht mehr zu", sagt der Rentner. An der Wand in einem kleinen Zimmer steht ein Schreibtisch, darauf Berge von Akten, ein neuer Computer mit Internetanschluss, zwei Telefone. Die Parteizentrale des

Sozialdemokraten. Am Abend ist Stadtbezirksratssitzung und zwölf Punkte stehen auf der Tagesordnung. Klose muss noch einige Anträge der Opposition durcharbeiten. „Doch in vielen Fällen sind wir uns einig", sagt Klose. Ob Christdemokraten, Grüne oder Rote – auf kommunalpolitischer Ebene gehe es nicht um große politische Theorien, sondern um konkretes Handeln, erklärt Klose.

Da werden 1 000 Euro für einen Bolzplatz genehmigt, da stimmen die Bezirksräte über akustische Signale an Ampel ab oder debattieren über die Verkehrsführungen der Stadtbahn und Buslinien im Stadtteil. „Ich will kleine Dinge vor Ort erreichen", sagt Klose. Das ist seine Motivation für sein politisches Engagement. Dabei ist Klose erst vor sechs Jahren in die SPD eingetreten. Davor hatte er für ehrenamtliches Engagement kaum Zeit: Die Familie und der Beruf als Heizungsbauinstallateur haben ihn zu sehr beansprucht. „Doch nach dem Eintritt in den Ruhestand merkte ich plötzlich, dass ich Zeit habe. Und diese Zeit wollte ich sinnvoll einsetzen", sagt Klose. Also beantragte er sein Parteibuch und ließ sich für die Kommunalwahl in seinem Stadtteil Ledeburg aufstellen, Listenplatz 14. Erst vor einem Jahr ist er auf einen Platz in den Bezirksrat nachgerückt. „Jetzt kann ich an der Basis etwas mit entscheiden", sagt Klose nicht ohne Stolz. Das politische Ehrenamt verbessere die Lebensbedingungen in der Stadt. Freibäder werden nicht geschlossen, Kinderspielplätze werden gebaut, Marktplätze erneuert. „Das ist konkrete Hilfe vor Ort", sagt Klose.

Der Berliner Regierung steht Klose etwas skeptisch gegenüber. Viele von den hohen Politikern hätten den Kontakt zur Basis und zu den Bürgern verloren. „Das hat nicht viel mit Demokratie zu tun", klagt Klose. Dennoch lässt er sich durch so manche Fehlentscheidung auf Bundesebene nicht entmutigen. Im Gegenteil. Neben seinem Mandat im Bezirksrat hat Klose mehrere Jahre im Seniorenbeirat der Stadt Hannover mitgearbeitet - ein Gremium, das sich um die

Belange der rund 130 000 Senioren im Stadtgebiet einsetzt. Der Seniorenbeirat entsendet etwa Mitglieder in beratender Funktion in die Ausschüsse des Rates der Landeshauptstadt Hannover. So war Klose im Sport- und Sozialausschuss tätig. Ältere Menschen werden in den Stadtteilen von den Seniorenbeiräten betreut und beraten.

Der Terminkalender von Günter Klose ist prall gefüllt. Einmal im Monat ist Fraktionssitzung und Bezirksratssitzung, zweimal im Monat trifft er sich mit seinen Genossen bei der Ortvereinssitzung. Seine Frau Helga akzeptiert das ehrenamtliche Engagement ihres Ehemannes, ist dennoch froh darüber, wenn er eine Aufgabe abgibt.

Die beiden haben sich geeinigt: Im Seniorenbeirat ist Klose nicht mehr vertreten. Aber zur nächsten Kommunalwahl will er sich für seine Partei wieder aufstellen lassen. Und wenn es sein muss auch auf Listenplatz 14. Klose geht optimistisch in die Wahl, „denn uns kennt man im Stadtteil", sagt er. Und seine Ehefrau stimmt zu: „Genau. Weil du durch deine ehrenamtliche Arbeit hier viel bewegst." ✲

Ehrenamt im Naturschutz
Naturschutz setzt verstehen voraus

WERNER KIRSCHNING, 66, ENGAGIERT SICH EHRENAMTLICH IM BEREICH UMWELT- UND NATURSCHUTZ UND VERMITTELT GEDANKEN AN DIE JUNGE GENERATION.

Stehen sich Natur und Technik unvereinbar gegenüber? Das fragte sich Werner Kirschning schon sehr früh in seinem Beruf als Ingenieur und Verantwortlicher für Energiefragen in einem großen Chemieunternehmen. Die Verbindung beider Bereiche bringt Vorteile, wenn man sich auf beiden Gebieten um Kenntnisse bemüht. „Natürlich war der Schritt in den Ruhestand für mich ein gravierender Einschnitt. Aber schon als ich noch mitten im Beruf stand, habe ich in meiner Freizeit Schleiereulen ausgewildert, Feuchtbiotope für Kröten und Frösche geschaffen, Nistplätze für Falken eingerichtet, Blumenwiesen angelegt", sagt Werner Kirschning. All das im Namen der Naturkundlichen Vereinigung Langenhagen e. V.

Im Naturschutz gibt es viele Fragen, die mit einer technischen Ausbildung leichter zu beantworten sind: Die Bestimmung der Wasserqualität oder das Hören von Ultraschallrufen der Fledermäuse. „Bereiche, in denen ich als Ingenieur die Antwort des Biologen unterstützen kann", sagt der 66-Jährige. „Wichtig ist mir dabei immer die Weitergabe von

Wissen, ob in Führungen, Vorträgen oder gelegentlich im Schulunterricht."

Der Begriff „Langeweile" ist für Werner Kirschning auch jetzt als Rentner ein Fremdwort. Als er in den Ruhestand ging, stockte er seine ehrenamtliche Arbeit einfach auf. Inzwischen muss er einen engen Terminkalender verwalten, denn an vielen Projekten ist er gleichzeitig beteiligt. Wichtige Voraussetzung innerhalb der Familie ist, dass seine 64-jährige Ehefrau Regina genauso aktiv ist wie er, ihn mit Ideen unterstützt.

Manche seiner Aktivitäten laufen im Stillen: Das Fällen von jungen Bäumen zur Moorrenaturierung wird etwa nur von anderen engagierten Naturschützern bemerkt, in der Öffentlichkeit aber kaum wahrgenommen. Dagegen wurde die letzte Aktion von Werner Kirschning von großem öffentlichem Interesse begleitet: Unter der Überschrift „Falkenfernsehen" hat er im stillgelegten Wasserturm in Langenhagen zusammen mit einem Amateurfunker eine Live-Übertragung einer Falkenbrut aufgebaut, dazu gehörte die Installation einer Videoanlage und eines selbst entwickelten Fernsehsenders. Denn die Bilder sollten in sechs umliegende Schulen sowie das örtliche Rathaus übertragen werden. Videoclips aus dem Falkenhorst wurden auf 864 Monitoren der Straßenbahnen in Hannover gezeigt – sehr öffentlichkeitswirksam: Etwa 330 000 Fahrgäste haben die Bilder täglich gesehen.

„Hier haben sich die 1 300 Stunden Aufbauarbeit gelohnt. In einem solchen Fall kann man auch einen Urlaub oder einen Termin verschieben", sagt Kirschning, der sonst vom Zeitaufwand für seine Projekte nicht viel Aufhebens macht. Dabei sind ihm die Falken und ihre Brut nur Mittel und Zweck zur Erklärung des Biotopgedankens: Bei Führungen zum Wasserturm fragen Kinder, Schüler oder Eltern nach dem Sehvermögen der Turmfalken, den Flugeigenschaften oder wo die 800 Mäuse herkommen, die eine Falkenfamilie in einem Monat frisst. Ganz von selbst ergibt sich die Frage,

wie die Umwelt aussehen muss, damit es im folgenden Monat auch noch ausreichend Beute gibt.

Als „praktischer Biologieunterricht im Freiland" werden seine Führungen – oft gemeinsam mit seiner Frau – von Lehrern angenommen. „Mir ist nicht so sehr das abfragbare Schulwissen wichtig, sondern das Verständnis zu wecken für die Zusammenhänge in der Natur." Und wenn dann ein Jugendlicher sagt: „Ich habe alles verstanden und das war aber spannend!", ist es für Ehepaar Kirschning ein echtes Dankeschön.

Die Förderung der ehrenamtlichen Tätigkeit durch Politik und Verwaltung in Stadt oder Region ist Anerkennung für den Aktiven und wichtig für seine Motivation und das Durchhaltevermögen. Natürlich befriedigen auch Urkunden oder Zeitungsartikel. Auch freut sich Werner Kirschning über ein gelungenes Projekt oder einen Umweltpreis, den er für seinen Verein gern im Empfang nimmt. Noch wichtiger ist aber, wenn bei anderen Menschen die Naturbeobachtung vom Unterhaltungswert über ein Aha-Erlebnis zur echten Erkenntnis führt. „Dann ist der Schritt zum Umweltschutz nicht mehr weit", sagt Werner Kirschning. ✽

Ehrenamt im Kulturbereich
Ehrlich zu sich selbst sein

JUTTA HEIDMANN, 69, ARBEITET IM BÜRO EINES KÜNSTLE-
RINNENVEREINS UND HAT GELERNT, AUCH MAL „NEIN" ZU
SAGEN.

Büro, Bett und wieder Büro: Gern und viel gearbeitet hat sie
schon immer. Darum sitzt Jutta Heidmann auch heute noch
oft am Schreibtisch, wenn alle anderen schon gegangen
sind. Als „Frau für alle Fälle" beschreibt die 69-Jährige ihre
ehrenamtliche Tätigkeit bei der Gemeinschaft der Künstlerinnen und Kunstförderer e.V. in Hannover, kurz GEDOK.
In erster Linie ist sie für die Korrespondenz mit den Künstlerinnen, ob Bildende Künstlerinnen, Kunsthandwerkerin-
nen, Musikerinnen, Schriftstellerinnen oder Schauspielerin-
nen zuständig. Denn der Künstlerinnennachwuchs tritt in
den Veranstaltungsräumen der GEDOK mit musikalischen,
szenischen Darbietungen und Lesungen auf, stellt Bilder,
Skulpturen oder kunsthandwerkliche Exponate aus. „Damit
geben wir dem Nachwuchs eine Plattform zur Präsentation
seiner Werke", sagt Heidmann und benennt damit ein wich-
tiges Ziel des Vereins.

Doch nicht nur weil sie ohne Arbeit nicht leben kann, sondern auch weil Heidmann anderen Menschen stets eine Hilfe sein möchte, sitzt sie oft bis zu 15 Stunden in der Woche

in dem nüchtern eingerichteten Büro: Computer, Faxgerät, Anrufbeantworter. Mit den technischen Geräten hat sie sich vor zwei Jahren schnell vertraut gemacht. „Das ging so fix, weil ich viele Erfahrungen aus dem Berufsleben mitgebracht habe", sagt Heitmann. Und die Liste ihrer Arbeitsstellen ist lang: Als Verwaltungsfachangestellte bei einem großen Verlag war sie tätig, als Kinderdorfmutter beim SOS-Kinderdorf in Worpswede, als Mitarbeiterin für einen Dozenten bei der katholischen Erwachsenenbildung, als Sekretärin eines Arztes. Im Jahr 2003 musste Heidmann dann in Rente gehen. „Das fiel mir sehr schwer", erinnert sich die ledige Seniorin. Plötzlich stand die Frage im Raum: „Was möchte ich tun im Alter von 66 Jahren?" Bei einer Informationsveranstaltung des Freiwilligenzentrums in Hannover wurde ihr ein Zettel in die Hand gedrückt, auf dem stand: „Ehrenamtliche für Büroarbeiten gesucht."

In aller Ruhe hat sich Heitmann selbst mehrere Fragen gestellt: „Was kannst du?" und „Was willst du?". Auf einem Bogen Papier hat sie ihre Fähigkeiten notiert, ihr Zeitbudget für eine ehrenamtliche Tätigkeit festgelegt. „Ich habe ganz ehrlich in mich selbst hinein gehorcht", erzählt Heitmann, „was ich für einen Freiwilligendienst opfern kann und will." Auch welche körperliche und geistige Leistung sie sich selbst noch zutraut. Nach 24 Stunden hat sich die Rentnerin dann entschieden: „Ich gehe zum Künstlerinnenverein."

Zunächst war das Büro überbesetzt, erinnert sich Heidmann, die mit ihren wachen, braunen Augen einen gut organisierten Eindruck macht. Doch schon nach wenigen Wochen fielen einige Kräfte im Büro aus gesundheitlichen Gründen aus. „Schließlich saß ich dort ganz allein", sagt die 69-Jährige. Zu Veranstaltungen werden rund 500 Einladungen und Programme versandt und verteilt, sie verwaltet die 130 Mitglieder umfassende Adresskartei, hält schriftlichen Kontakt zu Künstlerinnen, die Mitglieder werden wollen. Und wenn abends eine Veranstaltung in der Galerie der

GEDOK stattfindet, dann ist meist Frau Heidmann mit dabei: sie empfängt die Gäste, sorgt für Getränke, schließt die Türen auf und wieder zu, stellt die Stühle auf. „Ich bin halt oft die Frau für alle Fälle", sagt sie mit einem Augenzwinkern und einem Lachen.

Spaß macht ihr die ehrenamtliche Tätigkeit allemal. Bei Ausstellungseröffnungen zum Beispiel lernt sie immer wieder interessante Persönlichkeiten aus der Kunstszene kennen. Der Verein leiste außerdem viel Gutes, sagt Heidmann: „Junge Menschen von der Hochschule können ihre Arbeiten präsentieren und werden dadurch bekannt."

Und was bringt ihr das Ehrenamt ganz persönlich? „Ich habe Lust auf Kunst und Kultur, das bekomme ich hier im Verein", sagt Heidmann und rückt die Prospekte in dem Ständer am Eingang zurecht. Dann hält sie inne und fügt hinzu: „Die Arbeit hier strukturiert auch meinen Tagesablauf."

Doch nicht nur weil Jutta Heidmann einen persönlichen Nutzen aus ihrem Ehrenamt zieht, setzt sie sich für den Verein ein: „Ich will nicht nur für mich selbst leben. Der Mensch ist von Natur aus ein soziales Wesen. Also bin ich auch für andere da." Das für andere-da-sein hat aber auch seine Grenzen bei Frau Heidmann. Mehrmals in der Woche nimmt sie sich eine Auszeit: Bei Weihrauch und klassischer Musik wird sie ganz still. Regeneration nennt sie das. „Das geht aber nur, wenn man als Ehrenamtliche auch Nein sagen kann", sagt sie. Denn gute Arbeit als Ehrenamtliche kann Heidmann nur leisten, wenn sie auch ihre eigenen Freiräume hat. „Es darf sich auf keinen Fall das Gefühl einstellen, dass man ausgebeutet wird", sagt sie. Und das „Nein-Sagen" musste Heidmann erst lernen. ✽

Ehrenamt als Seniortrainer
Wissen zu verschenken

JUTTA HEINRICH, 59, HAT SICH ZUR SENIORTRAINERIN AUSBILDEN LASSEN – EIN FÖRDERPROGRAMM DER BUNDESREGIERUNG.

Mit anderen SeniorTrainern will Jutta Heinrich jetzt ein Kompetenzteam gründen: „Unsere Idee ist, konsequent und zielgerichtet neue Projekte anzugehen", sagt die 59-Jährige, ihre Stimme klingt ernst. Und Ideen hat Heinrich für so manche Projekte mehr als genug: Zum einen will die Hannoveranerin Vereine zum Umgang mit Ehrenamtlichen beraten. „Dazu gehört das Erstellen von Dienstplänen oder die Frage, wie Vereine ihre Ehrenamtlichen auszeichnen und damit Wert schätzen"; sagt sie. Zum anderen will sie sich um Jugendliche kümmern, die nach der Ausbildung keinen Arbeitsplatz finden: „Diesen jungen Menschen will ich helfen, sich selbstständig zu machen", sagt Heinrich. Dabei kann die Selbstständige aus den eigenen Erfahrungen ihres Berufsalltag schöpfen: „Wie pflege ich einen Kundenstamm, wie mache ich die Steuer, was muss ich bei Verträgen beachten", zählt sie auf. Ihre Berufserfahrungen will die 59-Jährige an andere weitergeben. Darum hat sie eine Ausbildung zum so genannten „SeniorTrainer" absolviert.

Die 59-jährige Seniorin unterrichtet Senioren am Computer – haupt- und ehrenamtlich. Vor einem halben Jahr hat sich die gelernte Programmiererin als PC-Trainerin selbständig gemacht. „Das, was ich in meinen Kursen anbiete, gebe ich natürlich auch auf freiwilliger Basis an ältere Menschen weiter", sagt die Hannoveranerin. Ob Briefe schreiben oder eine Email versenden – Jutta Heinrich hat auf fast jede Computerfrage eine Antwort. Aus der Tageszeitung hat sie von der Ausbildung zum SeniorTrainer erfahren. In dem Artikel stand: „Gesucht werden aus dem Berufsleben ausgeschiedene Senioren, die eine Ausbildung zum „SeniorTrainer" durchlaufen möchten - ein Modellprogramm der Bundesregierung unter dem Titel Erfahrungswissen für Initiativen (EFI)."

Jutta Heinrich freute sich, zu den sieben Menschen in Hannover zu gehören, die im Jahr 2005 die theoretische Ausbildung in Lingen beginnen konnten. In drei Unterrichtsblöcken, die jeweils zweieinhalb Tage dauerten, wurden die Senioren auf ihre neue „Verantwortungsrolle" vorbereitet. „Nach der Ausbildung erhielten wir als Nachweis unserer Befähigung die „Seneka". Diese Senioren-Ehrenamts-Karte umfasst eine Versicherung im Haftpflicht- und Unfallbereich. Das Förderprogramm vom Bundesministerium für Familie, Senioren, Frauen und Jugend läuft zwar Anfang 2007 aus, doch in zehn Bundesländern wie etwa Niedersachsen wird das Projekt durch 50 Kommunen eigenständig weitergeführt.

Damit das Gelernte nicht in Vergessenheit gerät, findet einmal monatlich ein Treffen aller bisher ausgebildeten SeniorTrainer im Freiwilligenzentrum in der hannoverschen Innenstadt statt. „Dort werden laufende und zukünftige Projekte besprochen", sagt Heinrich. Zurzeit unterstützt sie das Freiwilligenzentrum durch ihre Mithilfe in einem Café. Bei ihrem freiwilligen Engagement stehe keineswegs die Selbstaufopferung im Vordergrund, sondern Heinrich betrachtet diesen Teil der Freizeitgestaltung als einen Gewinn ihrer eigenen Lebensführung. „Durch meine Arbeit als Seniortrainerin wird mein Wunsch nach einer sinnvollen Tätigkeit, die mir Anerkennung und Austausch mit Gleichgesinnten bringt, mehr als erfüllt", sagt sie. Gleichzeitig leiste die 59-Jährige damit auch einen Beitrag für die Gesellschaft, indem sie sich sozial engagiere und Nächstenliebe praktiziere. Dazu Heinrich: „Das alles trägt zu einer ausgefüllten Lebensführung bei, die den Alterungsprozess durch eine neue Lebendigkeit stoppt."

Mit ihrer Ausbildung zur SeniorTrainerin möchte Heinrich auch Vorbild für andere Senioren sein und versuchen diese zu animieren, sich auch zu engagieren. „Mein Erfahrungswissen werde ich, so wie es das Efi-Programm vorsieht, an Institutionen und Vereine mithilfe der im Seniorkompetenzteams erarbeiteten Projekte weitergeben", sagt sie. Schon jetzt freut sie sich auf ihre zukünftigen Aufgaben im Kreise von Gleichgesinnten und hofft, „dass sich unser Kompetenzteam noch erweitert und wir viele Freiwillige finden, die ebenso denken wie wir." ✽

Service

Meine Checkliste

Sie wollen sich ehrenamtlich engagieren? Dann verschaffen Sie sich zunächst Klarheit über Ihre Interessen, Erwartungen und eigenen Fähigkeiten sowie über Ihre Zeit, die Sie zur Verfügung stellen möchten und können. Die Beantwortung der Fragen kann helfen, zu prüfen, ob Ihre Vorstellungen mit den Erwartungen und Ansprüchen des Vereins, der Organisation oder der Initiative übereinstimmen. Folgende Fragen haben den Aktiven weiter geholfen, die im vorherigen Kapitel vorgestellt wurden. Dieser Fragebogen hilft bei der Vorbereitung auf ein erstes Gespräch mit einem Mitarbeiter des Vereins, der Organisation oder der Initiative, wo Sie mitmachen möchten:

Was interessiert mich besonders?

Wo möchte ich mich engagieren?

Über welchen Zeitraum will ich mich engagieren?
* eher einmalig und projektbezogen
* eher langfristig, also länger als ein Jahr

Wie viele Stunden pro Woche oder pro Monat kann ich aufwenden?

Wie steht es um die Einarbeitungszeit?
* Wer arbeitet mich ein?

* Wie lang wird diese Anfangszeit sein?

* Welche Aufgaben werde ich in dieser Zeit haben?

Wer begleitet mich?
* Wie oft und in welcher Form wird diese Begleitung stattfinden?

* Gibt es Möglichkeiten zur Reflexion oder Supervision und wie häufig?

Was sind meine Aufgaben und wie viel Zeit muss ich mitbringen?

✻ Welche Arbeitszeiten werden erwartet?

✻ Welche Aufgaben gibt es?

✻ Kann ich bei den Aufgaben selbst mit bestimmen?

✻ Wie selbständig kann ich arbeiten?

Wie sieht die Zusammenarbeit mit Hauptamtlichen aus?

✻ Wie viel, wann und wobei habe ich Mitspracherecht?

✻ Gibt es Standards für eine Zusammenarbeit?
    ✻ Gibt es eine Aufgabenteilung oder eine Zusammenarbeit mit Hauptamtlichen?

    ✻ Finden gemeinsame Dienstbesprechungen von haupt- und ehrenamtlichen Mitarbeitern statt?

    ✻ Werden die Qualitäten und Kompetenzen der freiwillig Tätigen mit eingebunden?

    ✻ Sind die haupt- und freiwilligen Arbeitsfelder klar definiert?

    ✻ Gibt es eine kollegiale Beratung, die eine gegenseitige positive Wertschätzung fördert?

Was wird mir erstattet?

* Welche Kosten werden mir erstattet?
  * Telefonkosten
  * Fahrtkosten
  * Schreib- und Kopierkosten
  * Portokosten
  * Sonstiges.

* In welcher Form wird abgerechnet?
  * Sammlung von Belegen
  * Genaue Aufstellung der der entstandenen Kosten

* Auf welche Weise werden Kosten erstattet?
  * Überweisung
  * Barauszahlung

Welche Arbeitsmittel stehen mir bei meinem Engagement zur Verfügung?

* Wird mir ein Arbeitplatz zur Verfügung gestellt?

* Was kann ich nutzen?
  * Schreibtisch
  * Arbeitsraum
  * Telefon
  * Computer
  * Büromaterial
  * Sonstiges

Wie bin ich versichert?

✽ Wer ist Ansprechpartner in Versicherungsfragen und an wen muss ich mich im Schadensfall wenden?

✽ Müssen Sie über Ihre Tätigkeit mit der Einrichtung eine Vereinbarung abschließen, um versichert zu sein?

✽ Bei welchem Unternehmen ist die Einrichtung versichert?

✽ Wie bin ich versichert?
- ✽ Haftpflicht
- ✽ Unfall
- ✽ Fahrzeug

✽ Haben Sie privat ausreichend Vorsorge getroffen?
- ✽ Haftpflichtversicherung, die ausdrücklich Ehrenamt mitversichert
- ✽ Allgemeine Unfallversicherung mit ausreichender Leistung
- ✽ Berufsunfähigkeitsversicherung
- ✽ Krankentagegeldversicherung
- ✽ Kaskoversicherung mit tragbarer Selbstbeteiligung
- ✽ Rechtschutzversicherung

Was passiert bei einem Konflikt?

✿ Werden Konflikte reflektiert und verarbeitet?

✿ Wen kann ich ansprechen?

✿ Wer hilft mir in schwierigen Situationen?

Werde ich für meine Tätigkeit qualifiziert?

✿ Gibt es Möglichkeiten der Fort- und Weiterbildung?

✿ Wer trägt die Kosten?

✿ Gibt es einen Nachweis über die Teilnahme
   an Fortbildungen?

Bekomme ich einen Nachweis für mein Engagement?

✿ Kann ich eine Bescheinigung über mein ehrenamt-
   liches Engagement bekommen, die folgende Punkte
   beinhaltet:
   - ✿ Art der Tätigkeit
   - ✿ Inhalte der Aufgaben
   - ✿ Besondere Fähig- und Fertigkeiten
   - ✿ Zeitraum oder Zeitpunkt

....

....

....

....

....

....

Tipp

Überlegen Sie genau, ob es noch
weitere Fragen für Sie gibt. Am
besten werden offene Fragen
in einem ersten Gespräch ange-
sprochen. Sollten nach Beginn
Ihrer ehrenamtlichen Aufgabe
Fragen aufkommen, scheuen Sie
sich nicht, diese anzusprechen.

Gegen Risiken versichern

Manche unter den etwa 23 Millionen ehrenamtlich Aktiven in Deutschland werden sich bestimmt schon einmal besorgt gefragt haben: „Was ist eigentlich, wenn ...?" „Wenn ich etwa beim freiwilligen Einsatz im Naturschutz verunglücke?" „Oder, was kann mir als ehrenamtlichem Betreuer in einem Pflegeheim passieren, wenn ein Demenzkranker verunglückt und ich dafür verantwortlich gemacht werde?"

Derartige Fragen können im Alltag von Ehrenamtlichen schlagartig zum Problem werden. Vor allem dann, wenn kein ausreichender Versicherungsschutz besteht. Schutz vor Unfällen, die den Aktiven in den Vereinen, Organisationen oder Einrichtungen selbst zustoßen können. Aber auch Haftungsschutz falls Dritten etwas bei der freiwilligen Arbeit zustößt.

Am 1. Januar 2005 ist das Gesetz zur Erweiterung der gesetzlichen Unfallversicherung bundesweit in Kraft getreten. Vorher bezog sich der Unfallschutz vor allem nur auf ehrenamtlich Tätige in Rettungsdiensten, in öffentlich-rechtlichen Einrichtungen, deren Verbänden oder Arbeitsgemeinschaften sowie in öffentlich-rechtlichen Religionsgemeinschaften und im Bildungswesen.

Der ausgeweitete Versicherungsschutz gilt nun auch für Ehrenamtliche, die in privatrechtlichen Organisationen im Auftrag oder mit Zustimmung öffentlich-rechtlichen Institutionen, auch Religionsgemeinschaften tätig sind. Das betrifft etwa Mitglieder eines Schulvereins, die in Eigenleistung Klassenzimmer renovieren, Aktive eines Fördervereins, die eine Windmühle restaurieren oder – im Bereich der Religionsgemeinschaften – Kirchenglieder, die für einen Adventsbasar Stände aufbauen.

Grundsätzlich ist es Aufgabe der Vereine und Organisationen, für ihre Ehrenamtlichen eine Vereins- oder Betriebshaftpflichtversicherung abzuschließen. Denn private Haftpflichtversicherungen decken in der Regel nicht alle Schäden bei ehrenamtlichen Tätigkeiten ab.

Die Länder Hessen, Rheinland-Pfalz, Berlin, Nordrhein-Westfalen, Niedersachsen und das Saarland haben mit Versicherungsunternehmen Rahmenverträge abgeschlossen. Damit werden Lücken beim Haftpflicht- und Unfallversicherungsschutz geschlossen und vor allem kleinere Initiativen gestützt.

> *„Wer sich freiwillig in seiner Freizeit für Kinder und Jugendliche einsetzt oder sich um Kranke und Alte kümmert oder Natur und Tierwelt schützt, der soll sich keine Sorgen vor Notfällen machen müssen. Deswegen ist das Land Niedersachsen hier aktiv geworden."*
>
> Niedersächsischer Ministerpräsident
> Christian Wulff, CDU

Beispiel Niedersachsen

Wer ist Haftpflicht und Unfall versichert?

Ehrenamtliche, die in Kranken- und Altenpflege, Behinderten- oder Jugendarbeit in Niedersachsen tätig sind. Ehrenamtliche, die im Verein, in Bürgerinitiativen, Parteien oder Interessenverbänden, aber auch in Sportvereinen oder Musikgruppen unentgeltlich engagiert sind.

Wer ist nicht versichert?

Ehrenamtliche, für die bereits Haftpflichtversicherungsschutz besteht – etwa Engagierte in öffentlichen Ehrenämtern wie etwa Gemeinderatsmitglieder, Schöffen oder Laienrichter. Aktive, deren Ehrenamt als gesetzlich bezeichnet wird wie etwa Betriebs- oder Personalräte. Alle ehrenamtlich Tätigen, die bereits über den Träger selbst abgesichert sind.

Welche Leistungen werden erbracht?

Im Falle des Personen- oder Sachschadens bis zu zwei Millionen Euro bei einer Selbstbeteiligung je Schadensfall von 150 Euro. Bei einem Unfall werden bis 90 000 ausgezahlt, im Todesfall 3 000 Euro, für Bergungskosten sind bis zu 5 000 Euro vorgesehen.

Konkrete Beispiele:

Die Haftpflichtversicherung greift, wenn etwa die Bürgerinitiative „Spielplatz" eine Spielfläche für Kinder betreibt. Ein Kind stürzt von einer Rutsche, erleidet schwere Verletzungen. Die Verantwortlichen der Initiative werden wegen Verletzung der Verkehrssicherungspflicht in die Verantwortung genommen.

Die Unfallversicherung tritt in Kraft, wenn die Bürgerinitiative „Sauberer Wald" an einem Wochenende ein Waldstück von Unrat säubert. Ein Helfer sammelt Müll von einem Hochsitz ein, der wegen Baufälligkeit umfällt. Der Helfer erleidet schwere Verletzungen.

Weiterführende Informationen erhalten Sie bei privaten Versicherungsunternehmen und bei folgenden Ansprechpartnern:

Für Niedersachsen:
  www.freiwilligenserver.de

Für Hessen:
  www.gemeinsam-aktiv.de/versicherungsschutz.cfm

Für Rheinland-Pfalz:
  www.wir-tun-was.de

Bundesverband der Unfallkassen
Fockensteinstraße 1, 81539 München,
Telefon 0 89 / 62 27 2 -0, Fax 0 89 / 62 27 2 -1 11,
buk@unfallkassen.de, www.unfallkassen.de

Verwaltungs-Berufsgenossenschaft
Deelbögenkamp 4, 22297Hamburg,
Telefon 0 40 / 51 46 -0, Fax 0 40 / 51 46 -21 46,
Ehrenamt@vbg.de, www.vbg.de

**Berufsgenossenschaft für Gesundheitsdienst
und Wohlfahrtspflege**
Pappelallee 35/37, 22089 Hamburg
Telefon 0 40 / 2 02 07 -0, Fax 0 40 / 2 02 07 -525,
www.bgw-online.de

Bundesministerium für Arbeit und Soziales (BMAS)
Mohrenstraße 62, 10117 Berlin,
Telefon 0 18 88 / 5 27 -0, Fax 0 18 88 / 5 27 -18 30,
info@bmas.bund.de, www.bmas.bund.de,

Bürgertelefon Unfallversicherung/Ehrenamt:
0 18 05 / 67 67 11

Wettbewerbe machen stark

„Wir suchen Sie. Unbezahlbare Menschen, die freiwillig ihr Bestes geben – für andere. Ihr Engagement ist Ehrensache."
So wirbt das Land Niedersachsen für seinen Ehrenamtspreis unter dem Titel „Unbezahlbar und freiwillig". Seit 2004 lobt eine Jury interessante Initiativen aus, wobei Preise im Gesamtwert von 32 500 Euro zu gewinnen sind. Wie das Land Niedersachsen so veranstalten viele Bundesländer oder Verbände Wettbewerbe für ehrenamtliches Engagement. Zahlreiche regionale und bundesweite Wettbewerbe werden ausgeschrieben, manche regelmäßig, andere nur einmal. Im Mittelpunkt stehen die Aktiven. Ihre Motivation soll gestärkt und die gesellschaftliche Anerkennung der gemeinwohlorientierten Aktivitäten nachhaltig gefördert werden.

Wettbewerbe sind eine gute Möglichkeit für Einzelpersonen, Initiativen und Vereine, sich intensiv mit ehrenamtlichem Engagement zu beschäftigen, den eigenen Standpunkt zu klären und sich mit anderen Gruppen zu vergleichen. Die Wettbewerbe und Förderpreise dienen außerdem der öffentlichen Anerkennung für bürgerschaftliches Engagement. Detaillierte Informationen sind auf der Datenbank beim „Wegweiser Bürgergesellschaft" zu finden. Auf einige Wettbewerbe und Förderpreise weisen wir hin.

Einen Überblick liefern folgende Adressen:

Wegweiser Bürgergesellschaft,
Stiftung MITARBEIT, Bundesgeschäftsstelle,
Bornheimer Str. 37, 53111 Bonn,
Telefon 02 28 / 6 04 24 -0, Fax 02 28 / 6 04 24 -22,
info@wegweiser-buergergesellschaft.de,
www.buergergesellschaft.de

Aktive Bürgerschaft e.V.,
Albrechtstrasse 22, 10117 Berlin-Mitte,
Telefon 0 30 / 240 00 88 -0, Fax 0 30 / 240 00 88 -9,
info@aktive-buergerschaft.de, www.aktive-buergerschaft.de

Auf folgende Wettbewerbe und Förderpreise wird hingewiesen:

1. Innovationspreis Ehrenamt (Bundesvereinigung Deutscher Musikverbände e.V.)

Die Bundesvereinigung Deutscher Musikverbände e.V. verleiht den Innovationspreis Ehrenamt. Der mit 3 000 Euro dotierte Preis zeichnet Vereine oder Verbände aus, die sich durch besonderes Engagement und durch Einführung von Neuerungen eine lebendige und zukunftsweisende Vereins- und Verbandskultur zum Ziel gesetzt haben. Der Preis wird alljährlich zu wechselnden Themen ausgelobt.

Bundesvereinigung Deutscher Musikverbände e.V.,
Innovationspreis Ehrenamt,
König-Karl Straße 13, 70372 Stuttgart,
Telefon 07 11 / 52 08 92 -32, Fax 07 11 / 52 08 92 -57,
info@bdmv-online.de, www.bdmv-online.de

2. Unbezahlbar und freiwillig – Der Niedersachsenpreis für Bürgerengagement (Land Niedersachsen u.a.)

Das Land Niedersachsen zeichnet mit dem Preis „unbezahlbar und freiwillig" bürgerschaftliches Engagement in Niedersachsen aus. Der Preis wird in fünf Kategorien (Kultur, Sport, Kirche, Umwelt, Soziales) vergeben.

Niedersächsische Staatskanzlei,
Niedersachsenpreis „Unbezahlbar und freiwillig",
Thomas Böhme, Planckstr. 2, 30169 Hannover,
Telefon 05 11 / 1 20 67 39, Fax 05 11 / 1 20 99 67 39,
thomas.boehme@stk.niedersachsen.de,
www.unbezahlbarundfreiwillig.de

3. startsocial – Hilfe braucht Helfer (McKinsey & Partner, Siemens Business Services, Pro7/SAT1 u.a.)

Der bundesweite Wettbewerb startsocial wurde im Jahr 2001
als Initiative verschiedener Wirtschaftsunternehmen zur
Förderung sozialer Ideen und Projekte ins Leben gerufen.
„Hilfe braucht Helfer" – unter diesem Motto fördert startsocial den Wissenstransfer zwischen Wirtschaftsunternehmen
und sozialen Unternehmungen: Herausragende soziale Initiativen werden durch individuelle Beratung unterstützt und
Netzwerke zwischen ihnen und Unternehmen geschaffen.

startsocial e.V., Prinzregentenstr. 22, 80538 München,
Telefon 0 89 / 55 94 -88 62, Fax 0 89 / 55 94 -87 73,
info@startsocial.de, www.startsocial.de

4. Innovationspreis für Freiwilligenagenturen (Bundesarbeitsgemeinschaft der Freiwilligenagenturen)

Die Bundesarbeitsgemeinschaft der Freiwilligenagenturen
(bagfa e.V.) vergibt Auszeichnungen und Preisgelder an bis
zu vier Freiwilligenagenturen. Ermöglicht wird der Innovationspreis durch die Stiftung Apfelbaum. Wechselnd steht ein
bestimmter Teilbereich der Arbeit von Freiwilligenagenturen
im Blickpunkt.

**Bundesarbeitsgemeinschaft der Freiwilligen-
agenturen e.V. (bagfa)**, Kerstin Brandhorst,
Torstraße 231, 10115 Berlin,
Telefon 0 30 / 20 45 33 66, Fax 0 30 / 28 09 46 99,
bagfa@bagfa.de, www.bagfa.de

5. einheitspreis – Bürgerpreis zur Deutschen Einheit (Bundeszentrale für politische Bildung)

Der Bürgerpreis zur deutschen Einheit ehrt das bürgerschaftliche Engagement von Menschen in Deutschland. Ob
allein, mit einem Projekt oder einem Verein – es werden
Menschen gesucht, die sich mit der inneren Deutschen
Einheit ganz praktisch auseinandersetzen und beispielhaft
zeigen, wie die Einheit gelebt werden kann. Auch journa-
listische Arbeiten oder langjährige Beiträge in den Medien
zum Thema innere Deutsche Einheit können ausgezeichnet
werden.

Bundeszentrale für politische Bildung,
Stichwort „einheitspreis", Dr. Ronald Hirschfeld,
Stresemannstr. 90, 10963 Berlin,
Telefon 0 30 / 25 45 04 29,
kontakt@einheitspreis.de, www.einheitspreis.de

6. Wettbewerb »Integrationsarbeit in deutschen Vereinen« (Bundesverband Deutscher Vereine & Verbände)

Der Bundesverband Deutscher Vereine & Verbände (bdvv)
möchte die freiwillige und ehrenamtliche Integrationsarbeit
würdigen und schreibt einen Wettbewerb zur „Integrationsarbeit in Vereinen" aus. An dem Wettbewerb können alle
Vereine teilnehmen, die ehrenamtliche Integrationsarbeit

leisten und Projekte zur Integrationsarbeit von benachteiligten Gruppen innerhalb des Vereins anbieten.

Bundesverband Deutscher Vereine & Verbände e.V. (bdvv),
Integrationswettbewerb, Jörg Vierling,
Einsteinufer 57, 10587 Berlin,
Telefon 0 30 / 34 78 78 77, Fax 0 30 / 34 78 79 01,
integration@bdvv.de, www.bdvv.de

7. Pro Ehrenamt (Deutscher Olympischer Sportbund, Commerzbank)

Das Engagement der Ehrenamtlichen verlangt und verdient
Unterstützung. Deshalb haben es sich die Commerzbank
und der Deutsche Olympische Sportbund gemeinsam
zur Aufgabe gemacht, das wichtige Engagement der Ehrenamtlichen im Sport stärker in das Bewusstsein der Bevölkerung zu tragen. Dazu trägt der Förderpreis „Pro Ehrenamt"
bei.

Deutscher Olympischer Sportbund,
Geschäftsbereich Breitensport, Pro Ehrenamt,
60525 Frankfurt am Main,
Telefon 0 69 / 6 70 00, Fax 0 69 / 67 40 95,
info@ehrenamt-im-sport.de, www.ehrenamt-im-sport.de

8. Bürgerpreis »für mich, für uns, für alle« (Initiative »für mich, für uns, für alle«)

Mit dem Preis zeichnet die Initiative »für mich, für uns, für
alle« – ein Zusammenschluss von engagierten Bundes-
tagsabgeordneten, den Städten, Gemeinden, Landkreisen
Deutschlands und den Sparkassen – in jedem Jahr beispiel-

haftes freiwilliges Engagement aus. Der Preis steht jedes
Jahr unter einem wechselnden Thema.

Initiative „für mich, für uns, für alle",
Projektbüro, Friedrichstraße 83, 10117 Berlin
Telefon 0 30 / 28 87 89 -0 31, Fax 0 30 / 28 87 89 -0 19,
info@buerger-engagement.de,
www.buerger-engagement.de

9. Förderpreis Aktive Bürgerschaft (Aktive Bürgerschaft e.V.)

Die Aktive Bürgerschaft zeichnet mit ihrem Förderpreis
gemeinnützige Initiativen aus, bei denen die aktive Mitverantwortung für das soziale und kulturelle Leben vor Ort im
Mittelpunkt steht. Ziel des Wettbewerbs ist es, Öffentlichkeit
und Medien auf innovative Konzepte bürgerschaftlicher
Selbstorganisation aufmerksam zu machen und durch gute
Beispiele zum Nachahmen anzuregen.

Aktive Bürgerschaft e.V.,
Bernadette Hellmann, Albrechtstr. 22, 10117 Berlin,
Telefon 0 30 / 2 40 00 88 -0, Fax 0 30 / 2 40 00 88-9,
bernadette.hellmann@aktive-buergerschaft.de,
www.aktive-buergerschaft.de

10. Deutscher Altenhilfepreis (Familie Josef Kreten Stiftung / DRK)

Die Familie Josef Kreten Stiftung, eine vom DRK verwaltete
Treuhandstiftung, lobt den Deutschen Altenhilfepreis aus.
Das DRK will mit dem Deutschen Altenhilfepreis zukunftsweisende Projekte, Aktivitäten und Initiativen prämieren, die
eine besonders gut gelungene Vernetzung von bürgerschaft-

lichem Engagement und professioneller Unterstützung in
der Altenhilfe darstellen.

Familie Josef Kreten-Stiftung, Treuhandstiftung des DRK,
Deutscher Altenhilfepreis 2007,
Team 42, Altenhilfe und Gesundheitsförderung,
Carstennstr. 58, 12205 Berlin,
www.deutscher-altenhilfepreis.de

11. Preis Soziale Stadt (Bundesverband der Arbeiterwohlfahrt, Deutscher Städtetag u.a.)

Mit dem von unterschiedlichen Auslobern aus Politik und
Wissenschaft, Wohnungswirtschaft und Wohlfahrt getragenen Wettbewerb sollen die vielfältigen Aktivitäten zur
Stärkung der Nachbarschaften in den Stadtquartieren einer
breiten Öffentlichkeit bekannt gemacht werden.

VHW-Bundesverband e.V.,
Geschäftsstelle „Preis Soziale Stadt",
Straße des 17. Juni 114, 10623 Berlin,
Telefon 0 30 / 39 04 73 72, Fax 0 30 / 39 04 73 39,
preis.soziale.stadt@vhw-online.de, www.vhw-online.de

12. Wettbewerb »Aktiv für Demokratie und Toleranz« (Bündnis für Demokratie und Toleranz – gegen Extremismus und Gewalt)

Zahlreiche Gruppen und Einzelpersonen setzen sich ideenreich und engagiert gegen Ausländerfeindlichkeit, Antisemitismus und Diskriminierung sowie für den Respekt vor
verschiedenen Kulturen ein. Das „Bündnis für Demokratie
und Toleranz – gegen Extremismus und Gewalt" will diese

Kräfte bündeln. Dazu gehört auch, erfolgreiche und nachahm-
bare Aktivitäten zu dokumentieren und weiter zu empfehlen.
Mittels des Wettbewerbs „Aktiv für Demokratie und Toleranz" werden gelungene Projekte gesammelt und ausgewählte finanziell unterstützt.

Bündnis für Demokratie und Toleranz,
Reiner Schiller-Dickhut, Stresemannstraße 90, 10963 Berlin,
Telefon 0 30 / 2 36 34 08 11,
Schiller-Dickhut@bfdt.de, www.buendnis-toleranz.de

13. Regine-Hildebrandt-Preis für Solidarität bei Arbeits-losigkeit und Armut (Stiftung Solidarität bei Arbeitslosig-keit und Armut)

Die Stiftung Solidarität lobt den „Regine-Hildebrandt-Preis
für Solidarität bei Arbeitslosigkeit und Armut" aus. Die mit
20 000 Euro dotierte Auszeichnung für herausragendes
Engagement im Kampf gegen Arbeitslosigkeit und Armut
kommt ausschließlich gemeinnützigen Arbeitslosen- und
Sozialhilfeprojekten zugute.

Stiftung Solidarität bei Arbeitslosigkeit und Armut,
Förderpreisbüro, Walter-Rathenau-Str. 62, 33 602 Bielefeld,
Telefon 05 21 / 5 21 67 21, Fax 05 21 / 17 55 06,
stiftung@solidaritaet.net, www.regine-hildebrandt-preis.de

14. Förderpreis der Robert Bosch Stiftung für deutsch-russisches Bürgerengagement (Robert Bosch Stiftung, Deutsch-Russisches Forum)

Seit dem Umbruch in Russland sind die politischen, wirt-
schaftlichen und regionalen Strukturen in einem stetigen

Wandel begriffen. Städtepartnerschaften, Bürgerinitiativen und regionalen Partnerschaften kommt dabei eine außerordentliche Bedeutung zu, da sie mit ihrer Arbeit zum Aufbau der Zivilgesellschaft in Russland beitragen. Um dieses Engagement zu fördern und den Beitrag der Initiativen auch in der Öffentlichkeit gebührend zu würdigen, schreibt das Deutsch-Russische Forum den Förderpreis der Robert Bosch Stiftung für Bürgerengagement zwischen Russland und Deutschland aus.

Deutsch-Russisches Forum e.V.,
Ninja Foik, Schillerstraße 59, 10627 Berlin,
Telefon 0 30 / 26 39 07 13, Fax 0 30 / 26 39 07 20,
foik@deutsch-russisches-forum.de,
www.deutsch-russisches-forum.de

15. USable – Transatlantischer Ideenwettbewerb (Körber-Stiftung)

Das englische Wort usable heißt „nützlich, brauchbar" – genauso sollen auch die Ideen sein, die der Transatlantische Ideenwettbewerb USable sucht, prämiert und fördert. Das „Usable" im Projektnamen enthält zugleich eine Anspielung auf die amerikanische Herkunft der Ideen. Seit 1998 fördert der Transatlantische Ideenwettbewerb Usable den Transfer innovativer US-Ideen in die deutsche Gesellschaft.

Körber-Stiftung,
Transatlantischer Ideenwettbewerb Usable,
20446 Hamburg,
usable@stiftung.koerber.de, www.usable.de

16. Bundeswettbewerb Video der Generationen (Kinder- und Jugendfilmzentrum in Deutschland, Bundesministerium für Familie, Senioren, Frauen und Jugend)

Der Bundeswettbewerb Video der Generationen ist ein generationenübergreifendes Video-Forum für ältere und junge Medienmacher. Er wird gestiftet vom Bundesministerium für Familie, Senioren, Frauen und Jugend (BMFSFJ).

KJF Medienwettbewerbe,
Stichwort: Video der Generationen,
Küppelstein 34, 42857 Remscheid,
Telefon 0 21 91 / 79 42 29, Fax 0 21 91 / 79 42 30,
vdg@kjf.de, www.video-der-generationen.de

17. Der Deutsche Präventionspreis (Bundesministerium für Gesundheit und Soziale Sicherung, Bundeszentrale für gesundheitliche Aufklärung, Bertelsmann Stiftung)

Der Deutsche Präventionspreis wird jährlich auf einem ausgewählten Teilgebiet der Prävention vergeben. Den besten Projekten winkt ein attraktives Preisgeld von insgesamt 50 000 Euro. Der Preis identifiziert und prämiert vorbildhafte Projekte der Prävention und Gesundheitsförderung in Deutschland und regt damit zur Verbreitung und Nachahmung an.

Geschäftsstelle des Deutschen Präventionspreises,
Gunnar Stierle, Richard-Wagner-Str. 15, 32105 Bad Salzuflen,
Telefon 0 52 22 / 93 00 83, Fax 0 52 22 / 93 00 89,
kontakt@deutscher-praeventionspreis.de,
www.deutscher-praeventionspreis.de

18. innovatio – Sozialpreis für caritatives und diakonisches Handeln (Bruderhilfe Pax Familienfürsorge)

Der ökumenische Sozialpreis »innovatio« würdigt die Leistung innovativer Ideen und deren Umsetzung in soziale Projekte. Vielfalt der Ideen, Mut zum Ungewöhnlichen, freiwilliges Engagement, Einsatz für den Nächsten aus christlicher Überzeugung: Dies alles zeichnet die Projekte aus, die sich in den vergangenen Jahren um den Sozialpreis »innovatio« beworben haben.

Bruderhilfe Pax Familienfürsorge, Stichwort „innovatio",
Birgit Krause, Kölnische Straße 108–112, 34119 Kassel,
Telefon 05 61 / 7 88 14 83, Fax 05 61 / 7 88 17 14,
bewerbung@innovatio-sozialpreis.de,
www.innovatio-sozialpreis.de

19. Otto-Mühlschlegel-Preis (Robert Bosch Stiftung)

Die Robert Bosch Stiftung schreibt den »Otto-Mühlschlegel-Preis« aus. Mit dem Preis werden vorbildliche Ideen und Vorhaben ausgezeichnet, die sich mit der Gestaltung des Lebensumfelds und der Situation älterer Menschen beschäftigen und dabei die individuellen Bedürfnisse dieser Altersgruppe besonders berücksichtigen. Das Ziel lautet: bis ins hohe Alter aktiv und selbstbestimmt leben zu können.

**Otto und Edith Mühlschlegel-Stiftung
in der Robert Bosch Stiftung GmbH,**
Otto-Mühlschlegel-Preis, Dr. Bernadette Klapper,
Heidehofstraße 31, 70184 Stuttgart,
Telefon 07 11 / 4 60 84 -88, Fax 07 11 / 4 60 84 -10 88
bernadette.klapper@bosch-stiftung.de,
www.bosch-stiftung.de/muehlschlegelpreis

... und noch mehr Adressen

Sozialer Bereich

**Arbeitsgemeinschaft
Evangelische Krankenhaus-
Hilfe EKH
Evangelische und Ökumenische
Krankenhaus- und Altenheim-
Hilfe**
Sträßchensweg 16
53113 Bonn
- ☎ 02 28 / 32 83 55
- ☏ 02 28 / 32 79 36
- ✉ info@ekh-deutschland.de
- ☞ www.ekh-deutschland.de

**Bundesarbeitsgemeinschaft
Hospiz**
Am Weiherhof 23
52382 Niederzier
- ☎ 0 24 28 / 8 02 -9 37
- ☏ 0 24 28 / 8 02 -8 92
- ✉ bag.hospiz@hospiz.net
- ☞ www.hospiz.net

**Deutsches Rotes Kreuz
Generalsekretariat**
Carstennstr. 58
12205 Berlin
- ☎ 0 30 / 8 54 04 -4 05
- ☏ 0 30 / 8 54 04 -64 02
- ✉ drk@drk.de
- ☞ www.drk.de

**AWO Arbeiterwohlfahrt
Bundesverband e.V.**
Marie-Juchacz-Haus
Oppelner Straße 130
53119 Bonn
- ☎ 02 28 / 66 85 -2 35
- ☏ 02 28 / 66 85 -2 09
- ✉ info@awo.org
- ☞ www.awo.org

**Der Paritätische Wohlfahrts-
verband**
Oranienburger Str. 13-14
10178 Berlin
- ☎ 0 30 / 2 46 36 -0
- ☏ 0 30 / 2 46 36 -1 10
- ✉ info@paritaet.org
- ☞ www.paritaet.org

**Volksbund Deutsche Kriegs-
gräberfürsorge e.V.**
Bundesgeschäftsstelle
Werner-Hilpert-Str. 2
34112 Kassel
- ☎ 05 61 / 70 09 -0
- ☏ 05 61 / 70 09 -2 11
- ✉ info@volksbund.de
- ☞ www.volksbund.de

Deutsche Krebshilfe e.V.
Buschstr. 32
53113 Bonn
- ☎ 02 28 / 72 99 00
- ☏ 02 28/72 99 011
- ✉ deutsche@krebshilfe.de
- ☞ www.krebshilfe.de

*Kontaktadressen zum
Generationsübergreifenden
Freiwilligendienst*

**Zentrum für zivilgesellschaft-
liche Entwicklung an der
Ev. Fachhochschule Freiburg**
Dr. Martina Wegner
Bugginger Str. 38
79114 Freiburg
 ☎ 07 61 / 4 78 12 -14
 🖷 07 61 / 4 78 12 -699
 ✉ zze@efh-freiburg.de
 ☞ www.zentrum-
   zivilgesellschaft.de

**Bundesministerium für Familie,
Senioren, Frauen und Jugend**
Alwin Proost
11018 Berlin
 ✉ alwin.proost@
   bmfsfj.bund.de
 ☞ www.bmfsfj.bund.de

Selbsthilfegruppen

**Deutsche Arbeitsgemeinschaft
Selbsthilfegruppen e.V.**
c/o Friedrichstraße 28
35392 Gießen
 ☎ 06 41 / 9 94 56 -12
 🖷 06 41 / 9 94 56 -19
 ✉ dagshg@gmx.de
 ☞ www.dag-shg.de

**Nationale Kontakt- und Infor-
mationsstelle zur Anregung
und Unterstützung von Selbsthilfegruppen (NAKOS)**
Wilmersdorfer Str. 39
10627 Berlin
 ☎ 0 30 / 31 01 89 -60
 🖷 0 30/ 31 01 89 -70
 ✉ selbsthilfe@nakos.de
 ☞ www.nakos.de

Seniorenorganisationen

**Bundesarbeitsgemeinschaft
Seniorenbüros (BaS)**
Graurheindorfer Str. 79
53111 Bonn
 ☎ 02 28 / 61 40 -74
 🖷 02 28 / 61 40 -60
 ✉ bas@seniorenbueros.org
 ☞ www.seniorenbueros.org

**Bundesarbeitsgemeinschaft der
Senioren-Organisationen e.V.
(BAGSO)**
Eifelstr. 9
53119 Bonn
 ☎ 02 28 / 24 99 93 -18
 🖷 02 28 / 24 99 93 -20
 ✉ kontakt@bagso.de
 ☞ www.bagso.de

**Senior Experten Service
Stiftung der Deutschen Wirtschaft für internationale Zusammenarbeit gGmbH**
Buschstr. 2
53113 Bonn
📞 02 28 / 2 60 90 -0
📠 02 28 / 2 60 90 -77
✉ ses@ses-bonn.de
🖱 www.ses-bonn.de

*Bürgerschaftliches
Engagement allgemein*

**Bundesarbeitsgemeinschaft
der Freiwilligenagenturen e.V.
(bagfa)**
Torstr. 231
10115 Berlin
📞 0 30 / 20 45 33 66
📠 0 30 / 28 09 46 99
✉ bagfa@bagfa.de
🖱 www.bagfa.de

Bundesnetzwerk Bürgerschaftliches Engagement (BBE)
Bundesgeschäftsstelle
Michaelkirchstr. 17–18
10179 Berlin-Mitte
📞 0 30 / 6 29 80 -110
📠 0 30 / 6 29 80 -151
✉ info@b-b-e.de
🖱 www.b-b-e.de

Kirchlicher Bereich

Deutscher Caritasverband e.V.
Zentrale
Karlstr. 40
79104 Freiburg im Breisgau
📞 07 61 / 2 00 -4 18
📠 07 61 / 2 00 -541
✉ info@caritas.de
🖱 www.caritas.de

Diakonisches Werk der EKD e.V.
Dienststelle Berlin
Reichensteiner Weg 24
14195 Berlin-Dahlem
📞 0 30 / 8 30 01 -3 81
📠 0 30 / 8 30 01 -222
✉ diakonie@diakonie.de
🖱 www.diakonie.de

*Leitlinien für ehrenamtliches
Engagement finden Sie im
Internet*

Ev. Kirche Berlin-Brandenburg-schlesische Oberlausitz
🖱 www.ekbo.de
Stichwort: Ehrenamt

Ev.-luth. Kirche in Bayern
🖱 www.bayern-evangelisch.de
Suchwort: Ehrenamtsgesetz

Nordelbische Ev.-luth. Kirche
🖱 www.nordelbien.de
Suche: freiwillig

Ev. Kirche im Rheinland
🖱 www.ekir.de
Suche: Ehrenamt

Sportbereich

Deutscher Olympischer Sportbund
Haus des deutschen Sports
Otto-Fleck-Schneise 12
60528 Frankfurt a.M.
- ☎ 0 69 / 67 00 -0
- 🖷 0 69 / 67 49 06
- ✉ office@dosb.de
- ☞ www.dsb.de

Deutscher Turner-Bund e.V.
Otto-Fleck-Schneise 8
60528 Frankfurt a.M.
- ☎ 0 69 / 6 78 01 -0
- 🖷 0 69 / 6 78 01 -1 11
- ✉ hotline@dtb-online
- ☞ www.dtb-online.de

Deutscher Alpenverein e.V. (DAV)
Bundesgeschäftsstelle
Von-Kahr-Str. 2–4
80997 München
- ☎ 0 89 / 1 40 03 -0
- 🖷 0 89 / 1 40 03 -23
- ✉ info@alpenverein.de
- ☞ www.alpenverein.de

Verband Deutscher Gebirgs- und Wandervereine e.V.
Geschäftsstelle
Wilhelmshöher Allee 157–159
34121 Kassel
- ☎ 05 61 / 9 38 73 -0
- 🖷 05 61 / 9 38 73 -10
- ✉ info@wanderverband.de
- ☞ www.wanderverband.de

Kontaktadresse zum Generationsübergreifenden Freiwilligendienst

**Projektkoordination:
Deutsche Sportjugend
Im Deutschen Sportbund e.V.**
Heike Pfeifer
Otto-Fleck-Schneise 12
60528 Frankfurt a.M.
- ☎ 0 69 / 67 00 -3 08
- 🖷 0 69 / 67 00 -13 08
- ✉ pfeifer@dsj.de
- ☞ www.dsj.de
- ☞ www.freiwilligendienste-im-sport.de

Kulturbereich

Dachverband Altenkultur e.V.
Geschäftsstelle Leipzig
Stuttgarter Allee 30
04209 Leipzig
- ☎ 03 41 / 4 22 98 61
- 🖷 03 41 / 4 22 98 61
- ✉ altenkulturleipz@aol.com
- ☞ www.dachverband-altenkultur-leipzig.de

Dachverband Altenkultur e.V.
Geschäftsstelle Köln
Zugweg 10
50677 Köln
- ☎ 02 21 / 32 35 02
- 🖷 02 21 / 33 16 68
- ✉ fwt-koeln@t-online.de
- ☞ www.altentheater.de

Deutscher Chorverband e.V.
Geschäftsstelle
Bernhardstr. 166
50968 Köln
- ☏ 02 21 / 37 12 90
- 📠 02 21 / 9 34 99 92
- ✉ info@deutscher-
  chorverband.de
- 🖰 www.saengerbund.de

Deutscher Kulturrat e.V.
Bundesgeschäftsstelle
Chausseestr. 103
10115 Berlin
- ☏ 0 30 / 24 72 -80 14
- 📠 0 30 / 24 72 -1245
- ✉ post@kulturrat.de
- 🖰 www.kulturrat.de

Wissen weitergeben

ISAB-Institut
Overstolzenstraße 15
50677 Köln
- ☏ 02 21 / 41 20 94
- 📠 02 21 / 41 70 15
- ✉ info@isab-institut.de
- 🖰 www.isab-institut.de
- 🖰 www.efi-programm.de

Mentor Hannover e.V.
Haus der Region
Hildesheimer Straße 20
30169 Hannover
- ☏ 05 11 / 61 62 24 32
- ✉ info@mentor-
  leselernhelfer.de
- 🖰 www.mentor-
  leselernhelfer.de

**Mentor – Die Leselernhelfer
Hamburg e.V.**
Kontakt: Katrin Stender
Holstenwiete 17
22763 Hamburg
- ☏ 0 40 / 39 90 55 10
- 🖰 www.mentor-hamburg.de

Mentor – Oldenburg
Kontakt: Daniela Pfeiffer
Unterm Berg 20
26123 Oldenburg
- ☏ 04 41 / 3 90 68 73

**Mentor Erfurt –
Die Leselernhelfer**
Kompetenzzentrum für
aktive Senioren und
bürgerschaftliches Engagement
Friedrich-Engels-Straße 56
99086 Erfurt
- ☏ 03 61 / 78 92 99 -01
- 📠 03 61 / 78 92 99 -00

Mentoring Ratingen. LEG AS
Ina Bisani
Hohbeck 10
40882 Ratingen
- ☏ 0 21 02 / 8 66 7 -1 35
- 📠 0 21 02 / 8 66 7 -2 22

**Mentor – Die Leselernhelfer
Lüneburg e.V.**
Geschäftsadresse:
Susanne von Stern
Vorsitzende
Barckhausenstr. 31
21335 Lüneburg
- ☏ 0 41 31 / 72 13 -66
- 📠 0 41 31 / 72 13 -68

Politischer Bereich

Liberale Senioren LiS@
Bundesverband
c/o Bertold Bahner
Rotenbühlerweg 25
66123 Saarbrücken
☞ www.liberale-senioren.de

Seniorenunion der CDU
Konrad-Adenauer-Haus
Klingelhöferstr. 8
10785 Berlin
📞 0 30 / 2 20 70 -4 45
📠 0 30 / 2 20 70 -4 49
✉ seniorenunion@cdu.de
☞ www.seniorenunion.cdu.de

Seniorenarbeitsgemeinschaft der Linkspartei.PDS
Kleine Alexanderstr. 28
10178 Berlin
📞 0 30 / 24 00 -90
📠 0 30 / 2 41 10 46
✉ ag.senioren@pds-online.de
☞ www.pds-online.de

Seniorenunion der CSU
Nymphenburger Str. 64
80335 München
📞 0 89 / 12 43 -3 12
📠 0 89 / 12 43 -3 21
✉ sen@csu-bayern.de
☞ www.sen.csu.de

Arbeitsgemeinschaft der SPD 60 plus
Wilhelmstr. 141
10963 Berlin
📞 0 30 / 2 59 91 -0
📠 0 30 / 2 59 91 -5 45
✉ 60plus@spd.de
☞ www.ag60plus.de

Grüne Alte
Bündnis 90/Die Grünen
Platz vor dem Neuen Tor 1
10115 Berlin
📞 0 30 / 28 44 20
📠 0 30 / 28 44 22 10
✉ buero.nouripour@ gruene.de
☞ www.gruene-partei.de

Betreuung

„Haus der Region"
Hildesheimer Straße 20
30169 Hannover
📞 05 11 / 61 62 22 25

Betreuungsverein der Arbeiterwohlfahrt für den Landkreis Hannover e.V.
Schwarzer Bär 4
30449 Hannover
📞 05 11 / 44 66 01

Arbeiterwohlfahrt Hannover-Stadt e.V.
Betreuungsverein
Deisterstr. 85 A
30449 Hannover
📞 05 11 / 21 97 81 96

**Betreuungsverein
Sozialdienst Katholischer
Frauen e.V.**
Goethestr. 31
30169 Hannover
✆ 05 11 / 1 64 05 60

**Freundeskreis
Betreuungsverein e.V.**
Lange Str. 47
31515 Wunstorf
✆ 0 50 31 / 6 86 99

**Diakonischer Betreuungsverein
Hannover e.V.**
Herrenhäuser Str. 62
30419 Hannover
✆ 05 11 / 79 51 56

**Betreuungsverein Institut für
transkulturelle Betreuung e.V.**
Am Listholze 31
30177 Hannover
✆ 05 11 / 4 58 30 28

**Lebenshilfe Betreuungsverein
Wunstorf e.V.**
Moritzstr. 3
31515 Wunstorf
✆ 0 50 31 / 91 41 91

Umwelt- und Naturschutzbereich

**Naturschutzbund
Deutschland e.V. (NABU)**
Bundesgeschäftsstelle Bonn
Herbert-Rabius-Straße 26
53223 Bonn
✆ 02 28 / 40 36 -0
📠 02 28 / 40 36 -2 00
✉ nabu@nabu.de
🖰 www.nabu.de

**NABU-Bundesgeschäftsstelle
Berlin**
Invalidenstr. 112
10115 Berlin
✆ 0 30 / 28 49 84 -0
📠 0 30 / 28 49 84 -84
✉ bgs.berlin@nabu.de

**Bundesverband Bürgerinitia-
tiven Umweltschutz e.V.**
Prinz-Albert-Str. 73
53113 Bonn
✆ 02 28 / 21 40 32
📠 02 28 / 21 40 33
✉ bbu-bonn@t-online.de

Deutscher Tierschutzbund e.V.
Bundesgeschäftsstelle
Baumschulallee 15
53115 Bonn
✆ 02 28 / 6 04 96 -0
📠 02 28 / 6 04 96 -40
✉ bg@tierschutzbund.de
🖰 www.tierschutzbund.de

Naturfreunde Deutschlands e.V.
Bundesgeschäftsstelle
Warschauer Straße 58a
10243 Berlin
- 📞 0 30 / 29 77 32 -60
- 📠 0 30 / 29 77 32 -80
- ✉ info@naturfreunde.de
- 🖱 www.naturfreunde.de

Bund für Umwelt und Natur-schutz Deutschland (BUND)
Bundesgeschäftsstelle
Am Köllnischen Park 1
10179 Berlin
- 📞 0 30 / 2 75 86 -40
- 📠 0 30 / 2 75 86 -4 40
- ✉ bund@bund.net
- 🖱 www.bund.net

ADFC Allgemeiner Deutscher Fahrrad-Club e.V.
Bundesgeschäftsstelle
Grünenstr. 120
28199 Bremen
- 📞 04 21 / 3 46 29 -0
- 📠 04 21 / 3 46 29 -50
- ✉ kontakt@adfc.de
- 🖱 www.adfc.de

World Wide Fund for Nature (WWF)
Deutschland – Zentrale
Rebstöcker Straße 55
60326 Frankfurt a.M.
- 📞 0 69 / 79 14 40
- 📠 0 69 / 61 72 21
- ✉ info@wwf.de
- 🖱 www.wwf.de

Greenpeace e.V.
Team 50 plus
Große Elbstr. 39
22767 Hamburg
- 📞 0 40 / 3 06 18 -0
- 📠 0 40 / 3 06 18 -100
- ✉ mail@greenpeace.de
- 🖱 www.greenpeace.de

Auslandseinsätze

Senior Experten Service
Buschstr. 2
53113 Bonn
- 📞 02 28 / 2 60 90 -0
- 📠 02 28 / 2 60 90 -77
- ✉ ses@ses-bonn.de
- 🖱 www.ses-bonn.de

Arbeitskreis „Lernen und Helfen in Übersee" e.V. (AKLHÜ)
Thomas-Mann-Str. 52
53111 Bonn
- 📞 02 28 / 9 08 99 -10
- 📠 02 28 / 9 08 99 -11
- ✉ aklhue@
  entwicklungsdienst.de
- 🖱 www.internationale-
  freiwilligendienste.org
- 🖱 www.entwicklungsdienst.de

Beratung und Fortbildung

Bundesarbeitsgemeinschaft der Freiwilligenagenturen e.V. (bagfa)
Torstr. 231
10115 Berlin
- ✆ 0 30 / 20 45 33 66
- 📠 0 30 / 28 09 46 99
- ✉ bagfa@bagfa.de
- 🖱 www.bagfa.de

Bundesnetzwerk Bürgerschaftliches Engagement (BBE)
Bundesgeschäftsstelle
Michaelkirchstr. 17–18
10179 Berlin-Mitte
- ✆ 0 30 / 6 29 80 -110
- 📠 0 30 / 6 29 80 -151
- ✉ info@b-b-e.de
- 🖱 www.b-b-e.de

Bundesarbeitsgemeinschaft Seniorenbüros (BaS)
Graurheindorfer Str. 79
53111 Bonn
- ✆ 02 28 / 61 40 -74
- 📠 02 28 / 61 40 -60
- ✉ bas@seniorenbueros.org
- 🖱 www.seniorenbueros.org

Bundesarbeitsgemeinschaft der Senioren-Organisationen e.V.
(BAGSO)
Eifelstr. 9
53119 Bonn
- ✆ 02 28 / 24 99 93 -18
- 📠 02 28 / 24 99 93 -20
- ✉ kontakt@bagso.de
- 🖱 www.bagso.de

Akademie für Ehrenamtlichkeit Deutschland
Comenius Bildungszentrum
im fjs e.V.
Marchlewskistr. 27
10243 Berlin
- ✆ 0 30 / 2 75 49 38
- 📠 0 30 / 2 79 01 26
- 🖱 www.ehrenamt.de

Stiftung Mitarbeit
Bundesgeschäftsstelle
Bornheimer Str. 37
53111 Bonn
- ✆ 02 28 / 6 04 24 -0
- 📠 02 28 / 6 04 24 -22
- ✉ info@mitarbeit.de
- 🖱 www.mitarbeit.de

Freiwilligenakademie Niedersachsen
c/o Freiwilligenzentrum
Hannover e.V.
im Üstra Service Center City
Karmarschstr. 30/32
30159 Hannover
- ✆ 05 11 / 30 03 44 -6
- 📠 05 11 / 30 03 44 -89
- ✉ info@
  freiwilligenakademie.de
- 🖱 www.freiwilligenakademie.de

Bildnachweise

S. 13 Diakonissenjubiläum, aus: Mutterhaus-Diakonie im
Umbruch der Zeit, Hannover 1960

S. 23 Pressestelle des Bundesministeriums für Familie, Senioren,
Frauen und Jugend, Berlin

S. 30 Bundesarbeitsgemeinschaft der Senioren-Organisationen
(BAGSO) e. V., Bonn

S. 37 Foto: Jens Schulze, Hannover, mit freundlicher Genehmigung
von Marianne M.

S. 46 Foto: Jens Schulze, Hannover, mit freundlicher Genehmigung
des Ökumenischen Altenzentrums Ansgarhaus, Hannover

S. 52 Historisches Museum Hannover

S. 56 Gemeindefest der Ev. Kirche Harsefeld, mit freundlicher
Genehmigung von Peter Waterkamp, Harsefeld

S. 62 Seniorenbeirat Rhede, Foto: Stadtverwaltung Rhede

S. 67 Foto: Jens Schulze, Hannover, mit freundlicher Genehmigung
von Margret B. und Martina P.

S. 69 Foto: Marcus Buchholz, mit freundlicher Genehmigung
von Werner K.

S. 73 Foto: Tierheim Hannover

S. 75, 76, 77
Presseabteilung des Senior Experten Service (SES), Bonn

S. 81–112
Fotos: Marcus Buchholz